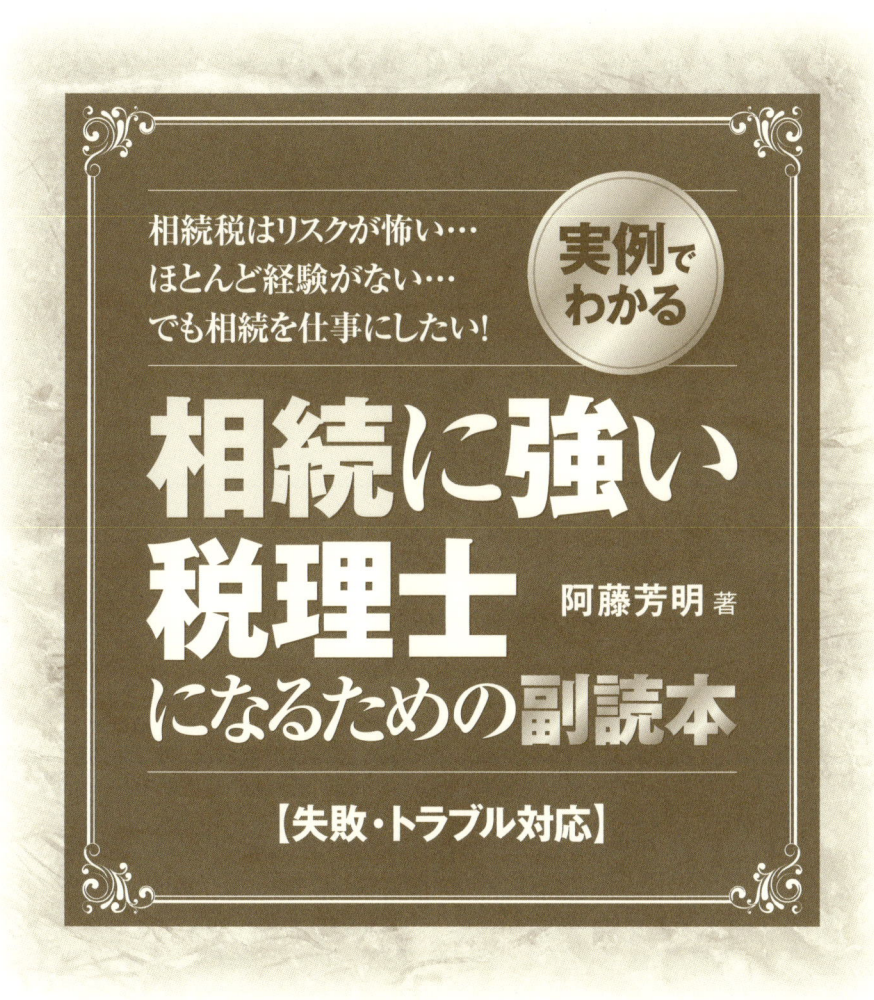

相続税はリスクが怖い…
ほとんど経験がない…
でも相続を仕事にしたい！

実例でわかる

相続に強い税理士になるための副読本

阿藤芳明 著

【失敗・トラブル対応】

「強い税理士」シリーズ──❷

税務経理協会

はじめに

　誰しもが思うことであろうが，人生は自分の思いどおりになど行かない。しかし，思いどおりに行かないことと，不幸であることとは全く別の問題であろう。

　私は大学卒業後，希望する道に進めず"国税専門官"，つまり税務職員となった。そこで税務調査を10年程経験したが，初めは調査など死ぬほど嫌で，すぐに税理士を目指した。しかし，途中で仕事が面白くなり，当初の予定を大幅に上回る10年も居ることに。

　ただ，現職中は国際税務を志し，その方面の部署に希望を出すも果たせず，それならということで外資系の事務所に税理士として転職したのだ。

　と，ここまでは良かったものの，聞くと見るでは大違い。業務内容と人間関係に失望し，公務員時代から見れば倍増した給与に未練はあったが，ここはすっぱり啖呵を切って1年で退職。

　後に残ったのは住宅ローンと女房に子供二人の家族だけ。こうなりゃ人殺し以外は何でもしようと覚悟を決め，給与の良さだけで入った先は資産税の事務所だった。法人と個人の税務調査は経験したが，資産税は未経験。そんな税理士を採用した事務所も事務所なら，（給与のためなら）何でもしようと転職をした税理士も税理士である。

　しかし，ここが人生の決定的な転機となった。代表者である本郷尚先生の人柄に惚れ，一生付いて行こうと資産税を必死に勉強する日々が始まった。見るもの聞くもの全てが初めてで，年下の先輩たちに追いつけ，追い越せとばかりに何でも勉強。執筆も講演も初めて経験させてもらううちに，時間は瞬く間に経過した。

　そんな恵まれた環境に居て，独立志向など全くなかったが，これまたひょんなことから独立となった。得意先1件だけでの独立は，無理，無謀，準備不足で冒険以外の何物でもない。初めはたった一人，所長兼雑用係の状態で，それ

でも資産税を標榜し，この道一筋は譲らなかった。といえばカッコもいいが，記帳代行や決算業務が大嫌いなだけ，生きる道は資産税しかなかったのだ。

　税理士会とは有り難い団体で，当時は無担保で500万円までの融資を頂くことができたので，これで１年間の食い扶持は確保できた。それでも本当に多くの方の助けがあって，職員も一人，また一人と徐々に増え，次第に資産税の事務所らしくなっていった。

　本来ならば，本郷先生の事務所在職中にもっと色々経験し，その上での独立が理想的ではあっただろう。しかし，そんな悠長なことはいっていられなかったし，できなかった。独立をしたからには，舞い込む単発仕事を一つずつ，淡々とこなし，終われば暇を持て余すこともしばしばだった。銀行への飛び込み営業も随分やった。不動産会社にも声を掛けた。とにかく顧問料を頂ける得意先は１件だけ。

　あとは運に恵まれて，あれから20数年の歳月が流れたのだ。こんな目茶苦茶な資産税をやっていたら，失敗だって山ほどある。これも初めて，あれも初めての経験が，いつしか少しは血となり肉となって今日まで生かされてきた。

　自慢できることなど何もない。ただ，ひたすらパンを得るために情報を発信し，それに問い合わせが来ればしめたもの。一度でも経験したことはベテランの如くに振る舞い，任せなさいと言わんばかりの顔をして，陰で必死の勉強である。

　それでも顧客を裏切ることなく，愚直に顧客のためにやってきた。時には賠償をし，責任を取るために無報酬の仕事もした。

　そうだ，自慢できることが一つだけ。間違えたらまずは自分の非を認め，正直に謝罪してきたことだ。プロとしてミスはあってはならないが，それでも間違えるのが人間である。そんな失敗の連続の税理士が，恥を忍んで，というより開き直り，こんな失敗をしないでくださいと祈って書き上げた。馬鹿な奴だと笑いつつ，優越感に浸りながらお読み頂ければ有り難い。

平成27年１月

阿藤　　芳明

目次
CONTENTS

はじめに

第1章　遺言書・分割協議に関する失敗・トラブル　1

01　相続人の属性を見誤って振り回された事例……3
1　自筆証書遺言の問題点………3
2　小規模宅地等の評価減の概要………5
3　事案の概要………6
4　誰に適用しても相続税の総額は減少する………10
5　特異なBの属性………12
6　見極め方法はあるのか？………13

02　遺言執行で訴訟にまでなった衝撃事案　16
1　事案の前提………16
2　事案の概要………19
3　遺産分割協議書の問題点………21
4　難病の発病と遺言書の発覚，次女の遺言………22
5　遺言の執行と遺言執行者の解任請求………23
6　家庭裁判所の判断………24
7　高等裁判所の判断と税理士の懲戒請求………25
8　最後は和解………27

03　相続の効果はいつからか？－消費税の影響も考えて－　30
1　遺産分割の効果………30
2　事案の概要………31
3　法定果実の考え方と帰属者………32
4　所得税の申告と消費税の申告………34

5　最高裁の判決と税務上の取扱い…………………………………… 35
　　6　相続が起きた時点での準備………………………………………… 35

第2章　財産評価・特例の適用に関する失敗・トラブル　37

01　居住用の3,000万円控除の適用判断を誤った事例…………… 39
　　1　事案の概要…………………………………………………………… 39
　　2　特殊事情と責任問題………………………………………………… 41
　　3　居住用特例の適用の可否…………………………………………… 42
　　4　申告書の提出で気になる点………………………………………… 43
　　5　運を天に任せて……………………………………………………… 45

02　事業用資産の買換え情報と税務署の管理……………………… 47
　　1　事業用資産の買換え特例…………………………………………… 47
　　2　税務署の管理・保管………………………………………………… 48
　　3　事案の概要…………………………………………………………… 49
　　4　税務署の対応………………………………………………………… 50
　　5　不動産所得についての税務調査…………………………………… 51
　　6　お尋ねの注目すべき点は…………………………………………… 52
　　7　税務調査であれば…………………………………………………… 53
　　8　便利な"行政指導"で失ったものも……………………………… 53
　　9　所得税・資産税の同時調査………………………………………… 54

03　事業用資産の買換えの計算に取得費加算が加わると…　　 56
　　1　事案の概要…………………………………………………………… 56
　　2　取得費加算の特例と『譲渡所得の内訳書』……………………… 57
　　3　同じ轍は踏まないために…………………………………………… 58
　　4　申告の処理方法……………………………………………………… 59

04　小規模宅地の特例の申請期限を徒過し，適用できなくなってしまった事例 …………………………………………………………… 62
　　1　未分割での申告後の小規模宅地特例の適用……………………… 63

	2　事案の概要…………………………………………………………	63
	3　更正の請求という手段もあるが……………………………………	65
	4　届いた更正通知………………………………………………………	68
	5　小規模宅地の特例の改正……………………………………………	68
	6　未分割の場合はアフターケアを徹底！……………………………	69
05	**相続税と法人税で違う借地権の考え方**………………………	71
	1　底地と借地権の評価上の関係………………………………………	71
	2　事案の概要……………………………………………………………	72
	3　借地借家法と相続税法上の借地権…………………………………	73
	4　法人税法上の借地権…………………………………………………	74
	5　借地権に係る権利金の認定課税……………………………………	75
	6　解決策とA氏の対応…………………………………………………	76
06	**普通預金は増差の宝庫**……………………………………………	78
	1　普通預金等の照会……………………………………………………	78
	2　事案の概要……………………………………………………………	79
	3　税務調査の進め方と指摘……………………………………………	80
	4　庭園設備の考え方……………………………………………………	81
	5　この調査から学ぶべき反省点………………………………………	81
07	**相続直前の増改築後の家屋の評価**……………………………	83
	1　相続税における建物の評価…………………………………………	83
	2　事案の概要……………………………………………………………	84
	3　税務署の主張…………………………………………………………	85
	4　税理士の反論と調査結果……………………………………………	86
	5　その直後の国税庁のQ＆A…………………………………………	88
	6　なぜ，相続税に独自の評価基準はないのか？……………………	89
08	**法人税の節税が株価評価に影響？**……………………………	92
	1　事案の概要……………………………………………………………	92
	2　取引相場のない株式の評価…………………………………………	93
	3　株価評価の特例………………………………………………………	95

4　問題の所在と解決策……………………………………………… 97
　　5　税理士としての反省と姿勢……………………………………… 98

第3章　贈与・譲渡に関する失敗・トラブル　　　101

01　贈与税にも準確？……………………………………………………… 103
　　1　個人が年の中途で亡くなった場合……………………………… 103
　　2　事案の概要……………………………………………………… 104
　　3　土地の評価額及び贈与方法等………………………………… 105
　　4　借地人Aの死亡………………………………………………… 106
　　5　Aについての贈与税の申告期限……………………………… 107
　　6　申告書の付表も要注意………………………………………… 108
　　7　その後の対応…………………………………………………… 109
02　農地転用の実態を知らずに贈与し，贈与不能となった
　　事例………………………………………………………………… 110
　　1　農地に係る制限とその考え方………………………………… 110
　　2　事案の概要……………………………………………………… 112
　　3　事後の対応……………………………………………………… 113
　　4　大都市圏の税理士の落とし穴………………………………… 114
03　一つの農地で二度ミスをした事例……………………………… 115
　　1　市街化区域と市街化調整区域………………………………… 115
　　2　事案の概要……………………………………………………… 117
　　3　農地についての権利保全……………………………………… 119
　　4　税務調査での指摘と顛末……………………………………… 120
04　時効で全ては解決するのか？…………………………………… 122
　　1　税務上の時効…………………………………………………… 122
　　2　贈与に係る税務調査での指摘………………………………… 123
　　3　事案の概要……………………………………………………… 124
　　4　貸付金の贈与…………………………………………………… 124

5　根本的に貸付金をゼロにする方法………………………………… 125
　　　6　税理士としての今後の対応……………………………………… 127

第4章　法人に関する失敗・トラブル　　　129

01　信託でこれだけはできたのに，何もせずに放置した事例 …… 131
　　　1　所有型法人という考え方とその限界…………………………… 131
　　　2　事案の概要……………………………………………………… 132
　　　3　所有型法人のもう一つの限界…………………………………… 133
　　　4　"信託"という考え方 …………………………………………… 134
　　　5　具体的な適用方法……………………………………………… 135
　　　6　適正な信託報酬………………………………………………… 136
　　　7　信託の可能性…………………………………………………… 138
02　疑念の残る決算対策の指導…………………………………… 139
　　　1　所有型法人の特徴……………………………………………… 139
　　　2　事案の概要……………………………………………………… 140
　　　3　法人税基本通達の考え方……………………………………… 141
　　　4　前払金と前払費用との相違…………………………………… 142
　　　5　一般的な決算対策の一例……………………………………… 143
　　　6　地代水準の見直し……………………………………………… 144
　　　7　通達の注意書きと重要性の判断……………………………… 145
03　気を付けたい『等価交換』の落とし穴……………………… 147
　　　1　等価交換の基本的な考え方…………………………………… 147
　　　2　税務の原則を無理やり曲げた特例…………………………… 148
　　　3　事案の概要……………………………………………………… 149
　　　4　特例を使わずに等価交換……………………………………… 151
　　　5　将来を見据えた対応策………………………………………… 152

第5章　地方税に関する失敗・トラブル　　155

01　外国に行ったままなら事業税は非課税？……………157
　1　個人で不動産賃貸業を行う場合の事業……………………157
　2　事案の概要………………………………………………158
　3　非居住者の取扱い…………………………………………159
　4　事業税の遡及期間…………………………………………161
　5　顛末～顧客への説明と税理士の責任………………………162

02　不動産取得税の失敗を取り戻す……………………169
　1　不動産取得税における"取得"の意義……………………169
　2　事案の概要………………………………………………170
　3　"表示登記"で引き渡しと認定！…………………………171
　4　不動産売買の実務…………………………………………172
　5　総合的な税負担……………………………………………173

第6章　納税方法に関する失敗・トラブル　　175

01　相続人全員の物納で，一人の高収入を見過ごした事例………177
　1　物納が認められる条件とは………………………………177
　2　事案の概要………………………………………………178
　3　税理士が誘導した物納……………………………………179
　4　金銭納付を困難とする理由書……………………………181
　5　申告書への押印の段階での説明とＰの怒り………………183
　6　必要なのは税理士のねばりと作文力………………………183

終章～後書きに替えて……………………………………187

キーワード索引……………………………………………193

第 1 章 遺言書・分割協議に関する失敗・トラブル

　相続税の申告業務を行う上で，まず何を置いても大切なことは，顧客と税理士が相互に信頼関係を築くことである。相続の場合，たとえ日常接している顧問先であっても，相手方，つまり相続人は既に信頼関係が築けている顧客だけではないからだ。顧問先の親族ということで，顧問先と同じような態度で接することはできない。

　相手が顧問先だけであれば，互いに大方のことは理解をしているので話は早い。その人の属性もわかった上でのお付き合いをしている訳で，いわばアウンの呼吸で作業を行うことができるだろう。

　しかし，相続においては，相続人全員を相手に業務が展開されていく。誰か特定の人物，中心となる相続人だけを相手にする訳ではない。これは，特定の依頼者だけの立場になって力を注ぐ弁護士の業務とは決定的に異なる点だ。特定の人物に加担することなく，全体をまとめ上げていくのが税理士の仕事だといってもいいだろう。

　顧問先以外の相続税の申告業務であれば，初めてお会いする顧客が大半だ。そのような場合には，顧客と税理士双方ともに，どんな性格の人物か，どんな思考の持ち主で，どんな対応をするのか，互いに疑心暗鬼の状態でスタートすることになる。

　ただ，相続税の申告業務といっても，しょせんは人間が行うことである。互いを知り，理解ができれば作業は円満に，そして円滑に進む。だからこそ，相互の信頼関係を築くことが何よりも大切である。これをおろそかにして作業を進めると，とんでもない事態になることがあるのだ。

　本文では"属性"という言葉を用いているが，依頼者の人となりをよく観察した上で業務を行うことが第一歩。ただ，それがわかってはいても，すぐにはその峻別が難しいことがある。一人の人間を知り，理解するのはそれほど簡単ではない。

わかりやすい人間もいれば，非常に難しい人間もいるからだ。
　それを見誤り，信頼関係を築けないとどうなってしまうのか，また，そこで何ができるのだろうか。税理士としてできることとできないことを，事例を通して検証してみたい。

01 相続人の属性を見誤って振り回された事例

introduction

　通常業務と異なり相続税の申告業務では初めて会う依頼者も多い。初めての依頼であれば，こちらがどんな税理士で，どのように仕事を進めていくのか，疑心暗鬼にとらわれることもあるだろう。

　しかし，時として業務を受注する側も，依頼者の人となりを見定め，見極めないと大変なことになってしまうという申告事例の紹介である。

　いくつもの不備がある自筆証書遺言が発見されたが，当初はもめずに話し合いがまとまると思われたため，全員から相続税申告書に係る委任状を提出してもらった。

　しかし，話合いが進む過程で相続人の一人が次々と意見を翻し，そのつど全員が振り回されることに…。最終的には意見集約ができずに決裂してしまった。

　その結果，一の相続であるにもかかわらず，相続人ごとに内容の異なる申告書を作成し，また，問題の相続人については途中で依頼をお断りするなど，特異な結末にならざるを得なかった失敗例である。

1．自筆証書遺言の問題点

　時折，自筆証書遺言①を作成している依頼者がいる。おそらく誰にも相談せずに一人で考えて作るのであろう。参考書籍程度は確認した上で作成しているとは思うが，はっきり言って間違いが非常に多い。そのため，税理士からは，自筆証書遺言はお勧めできないということをしっかりとアドバイスすべきだろう。

　とりわけ相続税の課税対象となる場合，最も初歩的で影響の大きな例を挙げれば，小規模宅地等の評価減の特例の適用の仕方について，何も考えずに作成されることが多い。

① 全文を自分で書く遺言。代書やパソコンでの作成は認められない。作成日の記入・自署・押印が必要。自分で作成・保管するため内容を秘密にできるが，発見されない危険もある。そのため，信頼できる人物にその存在は知らせるべきだろう。費用もかからず，内容変更が自由で作成も手軽だが，遺言書としての有効性に欠ける心配もある。執行時には家庭裁判所の検認の手続が必要。

第1章　遺言書・分割協議に関する失敗・トラブル

　税理士の立場として，まずはその遺言によって指定された者が相続した場合，特例の適用を受けられる要件を満たしているのかを考えなければならない。また，適用できる物件が複数ある場合，どのように適用した場合が税額を最小にできるのかも考えなければならないだろう。

　もちろん，仮に税負担が増えたとしても，この特例を適用することより，円滑な分割を優先して考えるべきではある。しかし，相続税においては，この特例は最も重要なものの一つである。これらについての専門的な知識なくして遺言書を作ることなど，税理士の立場からは到底考えられない。

　また，遺言書に記載のない財産がある場合，それらについては　分割協議を行う必要が生じる。遺言者としては，相続が"争族"に発展しないようにとの思いから遺言書を作成するのだろうが，記載漏れがある場合や遺言書の作成後に取得・形成された財産については，遺言者の意思に関わらず分割協議が不可欠なため，争いの種を作ることにもなりかねない。

　公正証書遺言の場合にもいえることであるが，財産の記載漏れを防ぐため，例えば次のような一文を必ず挿入しておくことが必要である。

> 上記の他，この遺言書に記載のない財産については，その全てを配偶者○○に相続させる。

　このような記載があれば，遺言書の開示後に新たな財産が発見された場合にも，分割協議の必要もなく包括的な指示をすることが可能になる。

②
遺言がない場合，民法に定められた相続人が遺産を相続することになる。相続人が複数の場合には，全員の共同相続財産となるが，それをどのように分けるかを話し合うのが分割協議，その結果を書面にしたものが分割協議書である。

③
遺言書に記載されていない財産や，遺言書を作成した後に被相続人が取得し又は形成した財産は，取得者が特定できない。そのため，取得者を特定することを目的として，それらの財産について，遺言とは別に分割協議を行い，相続をする必要がある。

2．小規模宅地等の評価減の概要

　事案の紹介に入る前に，この事案で問題になった小規模宅地等の評価減の特例について，問題点を簡単に触れておこう。

　一定の要件はあるが，自宅で適用する場合は330㎡（平成26年12月31日までの相続については240㎡）までの部分が80％引き，店舗・工場等の事業用の敷地は400㎡まで80％引き，アパート・賃貸マンション等貸付用の敷地では200㎡まで50％引きの評価になる特例である。

　現行の制度とは異なるが，かつては，例えば自宅の敷地が350㎡の場合，これだけで既に限度面積の240㎡を使い切ってしまうことになる。そのため他にもこの特例を適用できる貸付用敷地が150㎡あったとしても，これ以上減額できない。

　逆に自宅敷地が200㎡なら，余った40㎡に相当する部分（ 調整計算が必要）を事業用や貸付用に適用できることになっていた。
④

　ただし，現行の相続については，事業用の400㎡と併せて最大730㎡まで80％引きになるという規定になっている。

　この特例を適用する場合の最大の問題点は，対象となる土地について， 相続人等の全員の合意が必要である点である。したがって，その対象の土地が未分割の状態で，特例を適用することに全員の合意が得られない場合には，特例は適用できず税負担が重くなってしまう。
⑤

　そのため，全部の財産について分割協議が整っていなくても，特例の適用を受ける財産についてだけは取得者を決め，その土地について特例を受ける旨の全員の合意は得られるようにすることに大きな意味がある。

　ただし，未分割ではあっても，相続税の申告期限までに

④
自宅敷地が200㎡，貸付用の土地150㎡がある場合，自宅に特例を適用すると適用限度面積は330㎡のため，余剰面積が130㎡あることになる。それを貸付用の土地にも併せて適用はできるが，単純に130㎡として計算することはできない。自宅200㎡のうち200／330である121㎡を適用したものとして貸付用の200㎡に置き換え，200㎡までの余剰分79㎡が50％減額の対象となる。

⑤
小規模宅地等の評価減の特例を適用するのは，相続人等の全員の合意形成ができていることが前提となる。したがって，相続人等の内1人でもそれに反対する者が居る場合，特例の適用はできないこととなる。

第1章　遺言書・分割協議に関する失敗・トラブル

『 申告期限後3年以内の分割見込書』を提出しておけば，後日，この特例を適用することは可能である。
⑥

さらに，3年以内に分割ができない場合でも，調停や訴訟等やむを得ない事情があれば，相応の手続により特例適用の余地は残されている。
⑦

⑥ 文字どおり，申告時点までには相続財産の分割協議が整っていないが，申告期限後3年以内には整う予定である旨を届け出る書面。7頁参照。

⑦ 『申告期限後3年以内の分割見込書』を提出した場合でも，必ずしも3年以内に分割協議が整うとは限らない。その場合，調停や訴訟を行っている等の事情がある場合には，その事由が続く限り，その3年を経過する日から2カ月以内に『遺産が未分割であることについてやむを得ない事由がある旨の承認申請書』を提出すれば，期限がさらに無期限延長できる手続。8頁参照。

3．事案の概要

被相続人に係る親族図は下図のとおりであった。

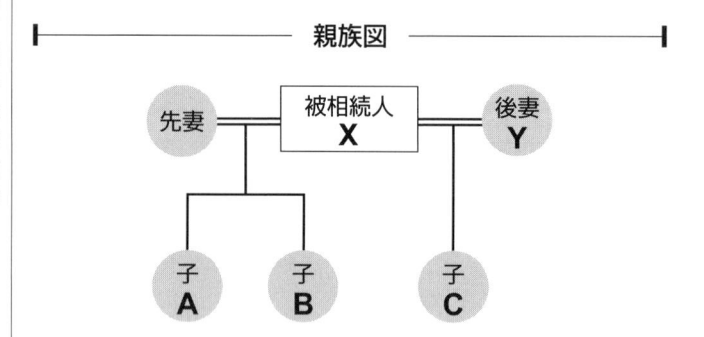

```
                    親族図

        先妻 ━━━━ 被相続人 ━━━━ 後妻
                     X              Y
         ┌────┴────┐         │
         子           子           子
         A           B           C
```

被相続人Xについては，配偶者Yと子Cの他に，離婚による先妻の子AとBが相続人となっている。一見してわかるが，もめる相続の典型的パターンといえる。だからこそXは自筆証書遺言を用意したものと推測される。
⑧

ただ，その自筆証書遺言には三つの不備があり，それが今回の相続の混乱をますます大きなものにしてしまった。

その不備の一つ目は，財産が全て網羅されていたわけではなく，それらについては改めて分割協議が必要となったことだ。既に述べたが，この手の不備は自筆証書遺言において典型的なものといえる。

⑧ 先妻の子と後妻及び後妻の子がいる場合，感情的な恨みやもつれもあり，もめるケースが非常に多いのが実情である。

01　相続人の属性を見誤って振り回された事例

通信日付印の年月日	確認印	番　号
年　月　日		

被相続人の氏名　_____

申告期限後３年以内の分割見込書

　相続税の申告書「第11表（相続税がかかる財産の明細書）」に記載されている財産のうち、まだ分割されていない財産については、申告書の提出期限後３年以内に分割する見込みです。
　なお、分割されていない理由及び分割の見込みの詳細は、次のとおりです。

１　分割されていない理由

　_____
　_____
　_____
　_____
　_____

２　分割の見込みの詳細

　_____
　_____
　_____
　_____
　_____

３　適用を受けようとする特例等

(1) 配偶者に対する相続税額の軽減（相続税法第19条の２第１項）
(2) 小規模宅地等についての相続税の課税価格の計算の特例
　　（租税特別措置法第69条の４第１項）
(3) 特定計画山林についての相続税の課税価格の計算の特例
　　（租税特別措置法第69条の５第１項）
(4) 特定事業用資産についての相続税の課税価格の計算の特例
　　（所得税法等の一部を改正する法律(平成21年法律第13号)による
　　改正前の租税特別措置法第69条の５第１項）

（資４−21−Ａ４統一）

第1章 遺言書・分割協議に関する失敗・トラブル

通信日付印の年月日	確認印	番号
年　　月　　日		

遺産が未分割であることについてやむを得ない事由がある旨の承認申請書

名簿番号

_____年_____月_____日提出

税務署受付印

_____税務署長　　住所（居所）_____

申請者 氏名_____㊞ 電話_____

遺産の分割後、
・配偶者に対する相続税額の軽減（相続税法第19条の2第1項）
・小規模宅地等についての相続税の課税価格の計算の特例
　　（租税特別措置法第69条の4第1項）
・特定計画山林についての相続税の課税価格の計算の特例
　　（租税特別措置法第69条の5第1項）
・特定事業用資産についての相続税の課税価格の計算の特例
(所得税法等の一部を改正する法律（平成21年法律第13号）による改正前の租税特別措置法第69条の5第1項）
の適用を受けたいので、遺産が未分割であることについて、

・相続税法施行令第4条の2第2項
・租税特別措置法施行令第40条の2第13項又は第15項
・租税特別措置法施行令第40条の2の2第8項又は第10項
・租税特別措置法施行令等の一部を改正する政令（平成21年政令第108号）による改正前の租税特別措置法施行令第40条の2の2第19項又は第22項

に規定するやむを得ない事由がある旨の承認申請をいたします。

1　被相続人の住所・氏名　　住　所_____ 氏　名_____
2　被相続人の相続開始の日　　平成_____年_____月_____日
3　相続税の申告書を提出した日　　平成_____年_____月_____日
4　遺産が未分割であることについてのやむを得ない事由

　　　..
　　　..

（注）やむを得ない事由に応じてこの申請書に添付すべき書類
① 相続又は遺贈に関し訴えの提起がなされていることを証する書類
② 相続又は遺贈に関し和解、調停又は審判の申立てがされていることを証する書類
③ 相続又は遺贈に関し遺産分割の禁止、相続の承認若しくは放棄の期間が伸長されていることを証する書類
④ ①から③までの書類以外の書類で財産の分割がされなかった場合におけるその事情の明細を記載した書類

○ 相続人等申請者の住所・氏名

住　所　（　居　所　）	氏　　名	続柄
	印	
	印	
	印	
	印	

○ 相続人等の代表者の指定　　代表者の氏名_____

関与税理士	印	電話番号	

（資4-22-1-A4統一）

－ 8 －

01　相続人の属性を見誤って振り回された事例

不備の二つ目は遺留分の侵害である。財産の9割近くを後妻である配偶者Yに相続させるというもので、明らかに遺留分を侵害する内容となっていた。後妻の子Cには何の不満もなかったのだが、先妻の子AとBへ相続させる財産はそれぞれ貸家1軒となっていた。しかも、その物件は彼らが欲するものでもなく、また、金額的な面からも当初から不満の種となっていた。

ただし、Yはこの状況を冷静に受け止めていて、遺留分に係る法定の取得分以上に金銭でそれを補うつもりでいることを、当初から彼らに話をしていた。

さて、不備の三つ目は固定資産税が課されていない私道の記載漏れである。A、Bが取得する予定の戸建貸家には私道が敷設されていたのだが、私道部分についての指示が示されていなかったのだ。これは本来貸家に付随するものなので、当然のことながらその貸家とセットで相続させるべきものである。遺言書に記載がない限りは分割協議の対象となるが、Bはこれを理由に遺言書の無効を主張することになった。

なぜこのような遺言になったかというと、建築基準法上"位置指定道路"というのだが、この取扱いについての知識がなかったためである。この位置指定道路とは、非常に簡単にいえば、「市町村に正式に共用の私道と認められた道路」といっていいだろう。このような場合、固定資産税もかからないことが大半なので、本人には道路についての持ち分を意識していなかったことが推測される。毎年の固定資産税の通知には、課税されない部分は物件の記載そのものが省略されることが多いため、本人に所有権の認識はなかったのだろう。

これらの遺言書の不備もさることながら、複数ある土地のどこに小規模宅地等の評価減の特例を適用するかという点でも争

⑨
遺留分の侵害が生じるのは、生前贈与や遺贈が過大な場合のほか、遺言書で相続分の過大な指定がなされた場合である。遺留分侵害をされた場合、その権利を主張できる者は、配偶者、子、直系尊属に限られ、兄弟姉妹にはない。なお、遺留分の割合は、直系尊属のみが相続人である場合は相続財産の3分の1、それ以外は2分の1。

⑩
個人や企業等の私人が維持管理している土地で、その一部を道路として使っているもの。したがって、廃道や新たな設置、あるいは私道の上に建物や工作物を作ることも自由。ただし、個人所有地や私道であっても、道路位置指定や開発道路には利用の制限が生じる。

⑪
無効な遺言書には法的拘束力がなく、その内容に従う必要はない。遺言書の法律条件は、年齢、意思能力、遺言書の書き方までが実に細かく定められていて、例えば、次のような遺言書は無効となる。
・代理人や他人の意思が介在した遺言
・遺言作成時に認知症等で意思能力がなかった遺言
・遺言適格年齢の15歳に達していない者の遺言
・日付のない遺言書
・相続財産でどの範囲かが特定できない遺言

第1章　遺言書・分割協議に関する失敗・トラブル

いが生じた。

　財産の分割方法における意見の対立はよくあることで，それ自体は当方の失敗ではない。弁護士を入れるかどうかは別として，相続人間の話合いで解決すべき問題なのである。

　この事案での失敗は，相続人の一人Ｂの属性を見抜けなかったことである。相続税の申告業務の受注については，当初は被相続人の配偶者Ｙからの依頼であった。その後，相続人全員が集った際は，前述のようにＹはＡ，Ｂに対し好意的であったため，相続税の申告は共同での依頼を受けた。当方もそれに基づいて相続人全員からの委任状を受領し，具体的な申告書の作成を開始した。

　その後，相続税の総額の概算を伝え，小規模宅地等の特例をどの土地に適用するかの段階で事態は紛糾。決着が付かないまま申告期限も迫り，期限を切って各人の意向を確認したが，Ｂに振り回され結論を得ることができない状態になってしまった。

　申告書を期限内に作成する責任がある立場から，最終的には当方からＢについて 委任解除を行い，Ｂを除外したところで申告を行うことになってしまったのである。

4．誰に適用しても相続税の総額は減少する

　まずは税額に大きな影響を与える小規模宅地等の評価減の特例の問題から議論を始めよう。

　言うまでもなく，相続税においては財産の額と法定相続人の数から，相続税の総額を機械的に算出する。一部例外はあるが，基本的にはこれが全員で納めるべき税額で，相続人間でどういう風に財産を分けても，分け方によって税務署が収納する税額は変わらない仕組みになっている。

⑫
建物を建てる場合，土地は最低２ｍ接道していることが条件。これができない場合，特別に公道と同様に扱える私道を設け行政庁の指定を受ける。この私道を位置指定道路という。位置指定道路は道路幅が４ｍ以上で，原則隅切りを付けること。原則的には通り抜け私道で，行き止まりの場合には35ｍ以下であること等の条件が付される。
位置指定道路には固定資産税が課税されないことも多い。

⑬
委任契約の当事者はいつでも契約を解除することができる（民法651）。
委任契約自体は契約当事者間の個人的な信頼関係を基礎とする契約である。この信頼関係が何らかの理由によって崩れた後も，両当事者が契約に拘束されるのは無益であるため，特別の理由がなくても自由に契約を解除できる。
ただし，委任契約の相手方に不利な時期に解除するときは，損害賠償をする義務が生じ得る。逆に言えば，そのような事情のない場合は損害賠償をする義務さえないという広汎な解除が認められる。

さて、小規模宅地の評価減の特例であるが、例えば配偶者Ｙが自宅敷地に適用を受けても、ＡやＢが貸付用の敷地に適用を受けても、相続税の総額は必ず減額されるだろう。

もちろん、適用の仕方で減額される額そのものが異なることにはなる。自宅と貸付用の土地では路線価も違うだろうし、⑭減額割合も80％と50％と異なるためである。

それでは、その税額は誰がどのように負担するのだろうか。それは実際の相続分による按分計算だ。例えば３人の相続人が５：３：２で相続財産を分けたら、税負担も５：３：２になる。そして、この５：３：２の計算は上記の特例の適用後の金額で行うことになっている。

つまり、本来は１億円の評価の土地が、この特例の適用で80％引きになり2,000万円で評価されたらどうだろう。この按分計算でも本当は１億円相続しているのに、2,000万円分の相続をしたことにしかならず、非常に"得"をする。となれば、誰だって自分が相続した財産に特例を適用したいと思うのは当然だろう。

そうはいっても通常の円満な相続であれば、全員のことを考えて、相続税の総額をまずは最小限にすることを優先するのではないだろうか。最少額になった税額なら、全員が負担の減少につながるからである。

この事案の場合、Ｙの自宅で適用すれば評価額としては3,300万円が減額、ＡとＢの貸家で適用すれば520万円の減額となる。相続税の総額では明らかにＹへの適用が有利だが、各人ごとの税負担を考えれば、ＡとＢはそれぞれの貸家への適用を主張するのもうなずける。

⑭
相続税、贈与税において、土地の時価である評価額を算出する場合に用いられるもの。道路ごと、路線ごとにその路面に接する土地の㎡当たりの単価が付されているため路線価といわれている。財産評価基本通達では、この路線価が時価であるとうたわれているため、実務的にはこれを用いて土地の評価額を計算する場合が多い。

第1章　遺言書・分割協議に関する失敗・トラブル

5．特異なBの属性

　全員で負担する総額は減らしたいが，同時に自分の負担も減らしたい。この特例の規定が面倒な点は，全員の意見の一致がない限り，適用が受けられないことになっていることだ。

　当初この特例の説明をしたところ，予想されたとおりそれぞれが自分の得になるように，Y・CグループとA・Bグループの意見は対立した。そのため，いつまでも対立が続くのであれば期限内で行う申告には，この規定は適用できない旨を説明した。また財産自体が未分割ではないため，2.で述べた『申告期限後3年以内の分割見込書』を提出して問題を先送りにすることもできない旨も併せて。

　その結果Bは，不備があるとはいうものの，あろうことか自筆証書遺言そのものが無効だという主張をし，この時点でBは家庭裁判所への申立てをしたのだ。⑮

　また，小規模宅地等の特例に関する当方の説明に疑問を持ったのか，自分で税務署に相談に行ったそうである。その結果，あたかも当方の説明には誤りがあるような説明を受けたのだろう。当事案の場合は財産が未分割であるため，『申告期限後3年以内の分割見込書』を提出すれば，後日の適用は受けられる，との回答を得たそうである。

　したがって，全ての財産について未分割の申告書を作成し，かつ，上記の分割見込書も併せて提出するよう要請を受けた。ほぼまとまりかけていた申告書の再々訂正である。

　実は，それまでもその時点において相続人間で決まっていた事項をもとに申告書を作成しても，当方に何の連絡もせずに家庭裁判所に様々な書類を提出。それを踏まえて，申告書の作り直しの要請をたびたび受けていたのである。

⑮
遺産分割をめぐる争いに際し，家庭裁判所へ調停を申し立てることができる。申立てを行うと，家裁の調停委員会のもとで相続人同士が話し合って解決策を探ることになる。調停委員会は，家裁の裁判官1人と調停委員2人以上で構成され，相続人全員が納得するよう助言やあっせんをするが，主に立ち会うのは調停委員である。
また，調停ではなく裁判官の判断を仰ぐ「審判」の申立ても制度的には可能だが，当事者間の話合いに基づく調停が基本である。調停や審判は「全員参加」が大原則で，一人でも欠けると無効になるので注意が必要だ。

－ 12 －

01 相続人の属性を見誤って振り回された事例

事態がここに至り，Bに振り回された後妻のYは完全に気持ちを硬化。それまでできる限り譲歩して，AとBに遺留分以上の相続をして貰おうとしていた仏心を撤回した。弁護士を立て全面戦争も辞さない覚悟を固めたのだ。

結局は，事案の概要でも述べたとおり，当方もBからの委任を解任，Y，CグループとAには未分割財産についての若干の意見の相違があったため，別々の申告書を提出することに㉖なった。ただ，同じ税理士が作成したにもかかわらず，内容の異なる申告になった経緯について税務署に対し説明書を申告㉗書に添付したのは言うまでもない。

なお，最後の最後になってBも小規模宅等の適用については，当方の説明が正しいことを理解してくれた。そして，最終的には相続税の総額を最小にすることで納得をしてくれたため，このことについては，事なきを得たことを付け加えておく。

また，途中段階でBが応諾していた内容で申告書を作成し，税理士作成印は押印せずにBに郵送した。風の噂では，その申告書を別の税理士名で提出したそうである。

初めての依頼を受ける際には，依頼人の属性がわからないが，もっと早い段階でそれを見極めるべきであったと大いに反省した事案である。

6．見極め方法はあるのか？

それでは，Bのような人間の属性を見抜く手立てはあるのだろうか。結論として，こうすればわかる式の方法などあるはずもない。税理士としては，なるべく数多くコミュニケーションを取ることを心掛ける以外に方法はないだろう。

今回は相続税の申告で初めてお会いする依頼者だったため，

⑯
円満に分割協議が整った場合，一の相続については相続人全員が一の申告書に署名（記名），押印をして提出する。しかし，例えば一人が相続財産の情報を開示せず，財産の全貌がわからないような場合，全員の合意による相続税の申告書を提出できない。あるいは，財産の評価方法について意見が合わず，同一の申告内容にならない場合，それぞれが自ら信じる金額，評価方法等によって相続税の申告書を提出する。

⑰
一の相続について異なる複数の申告書が提出された場合，税務署としてはどの申告書が真実なのかについて，判断することができない。また，どのような事情で相互に異なる申告書になったのかの経緯もわからない。そこで，一の相続について複数の申告書が提出される場合，その事情を説明した書面を添付することで相続人の状況を知らしめることができる。

第1章　遺言書・分割協議に関する失敗・トラブル

もちろん全員のことがわからなかった点はあるだろう。しかし、顧問先であっても、相続の場合には、普段お会いしている社長や中心的な人物のみならず、その他の相続人全員を相手にすることになる。したがってその中には初めて会う依頼者も多いと思われる。顧問先の親族だからという理由で安易に考えてはならないといえるだろう。

全くの私見に過ぎないが、個人的には次のようなタイプの顧客には注意をしている。

(1) **脱税志向の顧客**⑱

これは一も二もなく、即刻依頼を断るべきだろう。この手の顧客は、得てして報酬面では魅力のあることも多い。しかし、それにつられて業務を続けると、結局はこちらが火傷をすることにもなる。ただ、相続人の一人が脱税志向でも、それが中心人物でなければ問題は大きくならない。相続の場合は他の相続人の協力によって全体としては適正な申告になることも多く、この点のカバーはできるだろう。

しかし、法人税や所得税であれば、依頼者そのものが代表者であり、また中心人物であるため、業務を継続することは困難な場合が多いだろう。

(2) **こちらの話を最後まで聞かない顧客**

申告書の押印に至るまでには顧客と何度も面談の機会があるが、当方が説明しようとしても、話を最後まで聞かない顧客は要注意だ。

自分の言いたいことだけを主張し、アドバイスや色々な考え方を理解する態度が見えない場合は、業務が円滑に進まない。

(3) **自信過剰な顧客**

相続税の申告書作成程度なら、本当は自分でもできるが、面倒なので税理士に依頼する、という態度の顧客。前述の(2)と同

⑱ 納税についての基本的な姿勢が反社会的で、協力的ではない考え方。

じでこちらの助言に聞く耳を持たない。

　自信過剰であるが，所詮は素人である。根本的なことを理解していないことが多く，大きな誤りをしがちなタイプである。

　本項で登場したＢは(2)と(3)を併せもったタイプといえるだろう。

(4)　上から目線の顧客

　税務に係る業務委託契約は，税理士がお金を頂く契約である。顧客の側は反対にお金を支払う立場であるため，上から目線にもなり得る。このタイプの顧客は，自分の思いどおりにならないと，不満をぶつけてくることが多い。

(5)　考え方・行動が常識から大きく外れる人物

　１回の面談だけで見抜けるが，ちょっと変わっていると感じるタイプである。次の項でその典型的な人物を紹介したい。

02 遺言執行で訴訟にまでなった衝撃事案

> **introduction**
> 「01 相続人の属性を見誤って振り回された事例」で相続人の属性について触れたが，まさに税理士として出会った極めて稀な属性の相続人の事例である。税理士と弁護士まで巻き込んで訴訟にまで発展した，生涯忘れられない案件である。
> 事案自体の特異性もさることながら，訴訟に至る経緯，現実問題として税理士が取る立場。さらにはほとんど語られることのない，税理士が顧客から税理士会へ懲戒請求を受けるとどのような展開になるのか，その実態を是非お読み頂きたい。

1．事案の前提

余計な解説など不要と思われるので，ここではいきなり事案の前提として，当時の状況から説明したい。

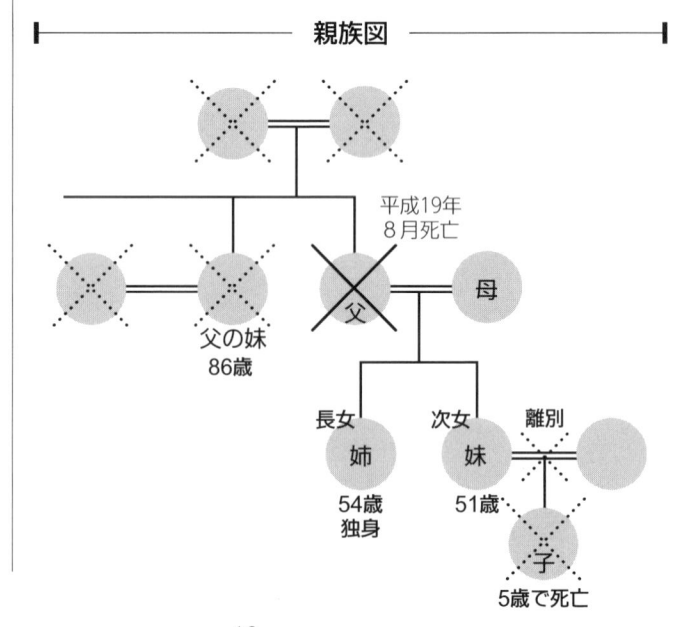

―― 親族図 ――

（父方祖父母：いずれも死亡）
父の妹 86歳
父（平成19年8月死亡）＝母
　長女 姉 54歳 独身
　次女 妹 51歳 ＝ 離別
　　　子（5歳で死亡）

― 16 ―

親族の状況は上図のとおりであるが，被相続人は特別な資産家ではなかった。次女から父親の不動産所得について，毎年確定申告業務を依頼されていた程度であり，当初は相続税対策などを相談されることもなかった。財産の状況については，強いて算出すれば若干の相続税負担が生じる程度であったと想定される。

ある日のこと，その次女が目を丸くして相談に来た。事の発端は，父親が2～3年前に高齢の妹から多額の資産を相続したことが最近になって判明したということであった。不動産は1億円ほどだったらしいが，金融資産が18億円もあり，ここから相続税額9億円を支払ったというのだ。

つまり，現時点で金融資産だけで9億円を超える額の資産を有しているという。これに父親自身の固有の資産が若干加わることになる。父親はこれを全て次女に残したいといっているが，長女も相続人であるためどうしたらいいか，という相談であった。

実はこの長女，学生時代に父親には勘当され，もう何十年も行き来がないとのこと。ただ，母親とは連絡を取っていたらしく，母親を通じて妹である次女も連絡先は知っていたようである。

そんな事情から，父親としては長女の顔も見たくないという気持ちが強く，逆に次女は老親の面倒をよくみていたため，非常に可愛がられていたという。

そこで，父親の意向を反映させるには遺言の作成しかないが，それによっても全てを次女に相続させるということは不可能である旨を説明した。遺留分を侵害する遺言の場合，それについての話合いの機会をもつことになり，次女にも余計な精神的負担がかかる旨も併せて。

第1章　遺言書・分割協議に関する失敗・トラブル

⑲
公証役場で公証人に作成してもらう遺言（民法969）。内容について事前に公証人のアドバイスを貰いながら文案を作成することも多い。作成日当日は2人（以上）の証人の立会いのもと，公証人が読み上げ，間違いがなければ署名・実印の押印をして完成させる。最後に公証人が手続に従って作成した旨を付記して，署名・押印。作成された公正証書遺言の原本は，公証役場に半永久的に保管される。紛失や偽造の心配もなく，自筆証書遺言のような検認手続も不要。

⑳
暦年で計算し課税される通常の贈与税に対し，自ら選択して行う贈与税の制度。一度この制度を選択した場合，二度と暦年課税には戻れない。贈与者は60歳以上，受贈者は贈与者の推定相続人の卑属（子，又は代襲相続人である孫）で20歳以上の者。何度でも贈与が可能で，2,500万円まで非課税。それを超えると一律20％の税率で課税される。相続時には，この制度による贈与分を相続時に持ち戻して計算するが，納付済みの贈与税は相続税から控除されるため，相続税の前払ともいわれる。

その結果，不動産の価格が多少上下しても，遺留分を侵害しないよう，ある程度の余裕をもたせた 公正証書遺言を作成した。

また，金融資産については，父親は高齢でもあり自分で運用する自信を失っていたため，遺言で次女に相続させる予定の一部を 相続時精算課税を利用して，生前に贈与することとした。

上記一連の相談の後，次女は贈与された金融資産の使途を模索していくこととなる。多少は将来の生活に備え，収益性のある不動産を購入したいという希望もあったが，決して欲張りな性格ではなく，むしろ，何らかの形で社会に貢献したいという強い意志をもっている人物であった。

最終的には交通遺児への援助として，単なる寄付ではなく賛助金の方式で活用することを考えたようだ。というのは，次女はかつて結婚して一児の母親でもあったのだが，子供が5歳の時に離婚。親権は次女の側に得られたのだが，直後にその子を交通事故で亡くしているのだ。即死状態であったそうだが，次女自身も瀕死の重傷にもかかわらず，奇跡的に救われている。

世の中には逆に子は生き残っても親が事故で亡くなるケースも多いという。残された子は経済的にも精神的にも，多くの苦難と戦いながら生きていることを，事故をきっかけに知り合った人達の集まりで知ったそうである。その子達に生きる希望を与え，がんばってもらうための方策として，その資金を活用することを考えたのだ。そのために財団を設立し，自薦，他薦で応募者を募り，懸賞金を交付しようとするものである。

以上のような経緯から，父親から次女へ相続時精算課税制度による現金の贈与手続と申告，父親の公正証書遺言の作成を終え，財団設立の準備が始まった。

2．事案の概要

　上記の公正証書遺言作成が終わって間もなくの頃に，父親が亡くなった。ここで，この遺言について若干触れておこう。

　「1．事案の前提」の項でも述べたが，配偶者に対して相続させる財産は，軽い認知症の症状がみられていたため全くなし。もちろん，これは遺留分を侵害はしているものの，次女の母親としても，大半を次女が相続することを望んでいた。そのため，遺留分の減殺請求など考えられない状況ではあった。㉑

　したがって，長女の遺留分は確保した上で，残りを全て次女に相続させるという内容であった。なお，遺言の執行者としては筆者を指定してもらうこととなった。㉒

　父親が亡くなったということであれば，通常いくら勘当状態であっても，長女も葬儀には参加することが想定された。しかし，やはり長年のわだかまりは氷解しなかったのだろう。葬儀に長女が顔を見せることはなかった。

　さて，この長女であるが，次女の話では相当に変わった人間であるとのこと。筆者は最後まで会う機会がなかったため，具体的なことはわからない。ただ，次女はこの姉を非常に恐れていた。駅のホームを歩くときは，いつどこでばったり出会い，突き落とされるかも知れないからという理由で，「決してホームの端は歩かない」と言っていたのが印象的だった。筆者もただ一つだけ長女の性格の異常性を感じたことはあるが，後に譲ろう。

　話は遺言書に戻るが，筆者は遺言執行者の立場がある。配偶者と長女に財産の開示をしなければならない。配偶者はともかく，遺言の執行者としては，長女には遺言書の存在と内容を知らせる義務がある。

㉑
遺留分権利者が権利を侵害している相続人に対して相応の権利を主張できる制度。相続の開始及び減殺すべき贈与又は遺贈があったことを知った時から1年間が，その権利を行使できる期間。また，相続の開始を知った日から10年を経過した時は，その権利は消滅する。遺留分減殺請求権の行使は内容証明郵便などで行えば完了するが，訴訟の前に，家庭裁判所での調停を試みることもできる。

㉒
遺言の執行とは「遺言の内容をそのとおりに実現すること」で，主には不動産の名義変更や金融資産の解約手続。そして，遺言執行者とは「その遺言の内容をそのとおりに実現する者」をいい，相続人全員の代わりに遺言の内容を実現させる者ともいえる。遺言執行者は遺言で指定されることが多いが，遺言執行者の指定がない場合は家庭裁判所に選任をしてもらうことも可能である。

なお，遺言執行者は「未成年者」と「破産者」以外であれば誰でもなれるが，逆に，指定を受けた遺言執行者は，就職を受諾することも拒否することもできる。

第1章　遺言書・分割協議に関する失敗・トラブル

　そこで，筆者が次女宅に出向いた際，姉である長女に私の面前で電話をしてもらった。筆者が遺言執行者として長女宅に伺う日程調整のためである。その時の姉妹の会話の要旨を，そのまま記すと，以下のようなやりとりであった。

> 妹：『ここに今，お父さんの相続税の業務をお願いしている税理士さんがいます。お姉さんにも説明しなければならないので，日程調整をしたいそうです。』
> 姉：『私は財産を貰うつもりは全くありません。あなたに全てをあげるから，分割協議書を郵送してくれれば署名と押印をして返送します。説明もいらっしゃる必要もありません。』

　長女は父親に冒頭に記したような，父親の妹から相続した莫大な財産があることは知らない。長年恨んできた父親である。今さらそんな父親の残した財産など，「相続するのも迷惑だ」くらいの気持ちだったのではないだろうか。だからこそ，葬儀にも出席しなかったのだろうし，彼女の心情も理解できないわけではなかった。
　そこで次女との相談が始まったのだが，方法は二つ考えられた。一つはとりあえず遺言書のコピーと 財産目録を郵送で長女に届ける方法。それを見て長女がどのような対応をするのか，その時点で判断する方法である。
　もう一つは遺言書をなかったことにする方法だ。この場合は分割協議となるが，長女の言い分を額面どおりに受け取れば，全ての財産は次女一人が相続することになる。前述のとおり母親は次女が全てを相続することに異を唱えることは考えられない。
　結局，最終的には次女が全ての財産を相続する旨の分割協議

㉓
財産目録とは被相続人の相続財産の全てを記載し目録としたもの。この目録には不動産，預貯金，株式，貴金属等の相続財産となる物を列挙し，またその相続財産としての評価額を併記することで，相続財産の総額がどれほどあるのかをわかりやすくまとめたものである。なお，遺言執行者には財産目録を作成することが義務付けられている。

02 遺言執行で訴訟にまでなった衝撃事案

書を作成することに話はまとまった。全財産を相続すれば、当初予定していた財団への拠出資金が大幅に増え、より多くの交通遺児に資金の提供が可能になるためである。

分割協議書の記載は極めて簡単である。財産ごとの詳細な記載は不要で、"全ての財産を次女○○が相続する"の一文だけで、不動産の相続登記から、金融資産の名義変更手続までが可能となる。

これなら長女に詳細を知られずに済む、という気持ちがあったことは否めない。しかし、金員の使途というか、目的が目的である。長女が億円単位のお金を相続した場合、どのような使途に使うかどうかは知る由もないが、次女はもちろんのこと、遺言執行者としても何らの罪悪感もなかったのは事実である。

3．遺産分割協議書の問題点

母親と次女が署名し実印を押印した分割協議書を長女に郵送した数日後、長女からの返送がなされた。確かに署名も押印もあるにはあるのだが、押印が実印ではなく認印なのだ。法律論としては、認印による分割協議書は決して無効なものではない。

しかし、税務の実務として、税務署からは相続税の申告書に分割協議書の写しと印鑑証明書の現物の添付が求められる。分割協議書の印影と印鑑証明書が同一のものであることを確認することにより、相続人の真実の意思とするのだ。したがって、印鑑証明書を添付しないと申告書としては不備であるとされ、催促をされることになる。

つまり、認印のままの状態では、実務的に手続が終了しないことになってしまうのだ。そこでそれまでも相談をしていた弁

㉔ 不動産の相続登記は①遺言による相続登記②遺産分割協議による相続登記③法定相続分どおりの相続登記の三つ。①は、遺言書に記載されている者が遺言書の内容に基づいて相続登記をする。②は、相続人全員で遺産分割協議をし、特定の相続人に相続させることになるが、遺産分割協議書を作成する必要がある。③は遺言書もなく、また相続人間で遺産分割協議もなされなかった場合で、法定相続分どおりの相続登記をすることになり、不動産は相続人全員の共有名義となる。

㉕ 被相続人の名義になっている金融資産は、死亡後にまずは解約の手続をする。その後、遺言書があればその遺言書に基づき、ない場合には相続人全員による分割協議書に記載されている相続人等の名義に変更する。

㉖ 分割協議書は、遺言書がない場合、相続人全員が財産の分割方法について合意したことを示す書類。また、遺言書がある場合であっても一部の財産の記載漏れがあれば、その記載されていない財産について作成する必要がある。法的には実印を要求されていないが、税務署の他金融機関等も実務では実印を押印の上、印鑑証明書の添付を要求されることが多い。

護士に，直接長女に会ってもらい，実印を押印してもらうべく依頼をした。理由は相続税の申告書のためと説明し，併せて印鑑証明書の提出も求めたのだ。

結論としては，そのいずれにも応じてくれず，事態は暗礁に乗り上げてしまった。なお，弁護士からは長女は今回の相続について，全く協力的ではない旨の報告は受けていた。

4．難病の発病と遺言書の発覚，次女の遺言

そうこうしている内に次女は体調を崩し，入退院を繰り返すようになった。全身が硬直し自由に体を動かすことができず，最終的には意識も失って寝たきりになってしまう難病という診断である。そして，余命は半年から1年という衝撃的な事態になってしまった。

時を同じくして長女は財産状況を調査していたようなのだ。長年確執のあった父親が亡くなり，気軽に母親との面談が可能となったためである。母親も夫を亡くした寂しさから，長女が顔を見せてくれるようになったことがどれ程嬉しかったかは想像に難くない。軽い認知症にはなっていたものの，当時はまだまだ判断能力があったように見受けられた。

このような経緯から，長女は父親が残した遺言書を発見したのだろう。さらに次女の入院先まで聞きつけて，実際に面会にも来たそうである。しかし，次女は極端に長女と会うことを恐れ，面会を断ったという。さらに長女は病院の廊下で大声で叫び，面会をさせるように騒いだということを，筆者も後日知らされた。

さて，次女は余命が幾ばくもないことを知り，<u>財団の設立</u>[27]と資金の確実な財団への移行を急いだ。ただ，財団の設立にあ

---

[27] 特定の個人や企業などの法人から拠出された財産（基本財産）で設立され，基本財産による運用益である利息などを主要な事業原資として運営。2008年11月までは公益目的が主たる財団法人のみであったが，同年12月より公益目的でなくとも一般財団法人を設立できる。

たっては，最低でも評議員3人，理事3人，監事1人が必要で，体調が万全でないことから人選とその就任の了解を取り付けるのに非常に時間を要したのである。

また，病室で弁護士等を証人とし，公証人の出張のもとで公正証書遺言を作成。全財産を財団にとする内容であり，筆者がここでも遺言の執行者に選任された。

5．遺言の執行と遺言執行者の解任請求

話は父親の遺言執行に戻る。長女が父親の遺言の存在を知った後，その後の対応については弁護士に相談したようだ。

筆者の自宅宛に弁護士の名で，父親の遺言執行についての解任請求の訴訟を起こした旨の内容証明郵便が届いた。請求人は長女と母親である。遺言書作成当時，母親には軽い認知症の症状がみられたものの，筆者とは何度も面談や挨拶をしている。そして何より，遺言書の内容として大半を次女にという趣旨は十分に理解をしていたのだ。もちろん，筆者が遺言執行をすることも熟知していたのに，解任をするはずはない。全ては長女に言われるままに行動をしているとしか考えられなかった。

解任の理由は遺言書があるにもかかわらず，相続人に開示もせず，財産目録の作成もしていないことである。ここで詳述はしないが，その他にも小さな案件での訴状が届けられ，筆者は自身が訴訟の対象者になるという夢にも思わぬ展開になった。

話は前後するが，執行者解任の請求をされたものの，請求されただけの段階では本来執行者の業務は行える。そのため，遺言執行として金融機関へ次女への名義変更を申し出た。

通常の場合，この手のことは特別専門知識がいるものではないので筆者自らが行っている。しかし，この事案は訴訟案件で

㉘ 公証役場に来られない事情がある場合や公証人が現地に赴く必要がある場合などには，公証人に出張を依頼できる。ただし，公証人が出張できるのは，それぞれの公証人が所属する管轄区域に限られる。東京都の場合，隣接の神奈川県や千葉県等に出張できない。なお，この場合でも，東京都以外に在住の方が東京に来て各種公証手続をするのは可能。公証人が受け取る手数料・旅費・日当等は，その公証事務の種類や内容等に応じて法令で定められている。

㉙ このケースでは，他人と接している場合に認知症と察せられる状況はなかった。筆者がどういう人物か認識でき，世間話も通常どおり。家族の話では食事の直後に，食事はまだかという程度。

㉚ 遺言執行者が任務を怠ったとき，その他正当な事由があるときは，相続人や受遺者等は，遺言執行者の解任を家庭裁判所に請求できる。具体的な解任事由としては，遺言執行者の任務懈怠，一部の相続人のみを有利に取り扱う場合，その他病気等により円滑な遺言執行の遂行ができない場合も含まれる。解任を希望する相続人や受遺者等の利害関係人は，相続開始地の家庭裁判所に対して解任の審判を申立てをし，その中で解任事由の有無が判断される。

もあったこと，また，遺言書の中で他の第三者に執行業務の一部を行わせることができる旨が明記されていたことから，弁護士帯同のもとで行った。しかし結果としては，金融機関3行が3行とも相手方弁護士からの要請もあり，訴訟が解決するまでは名義の変更手続には応じられないとのことであった。

この点については法律上色々な議論，問題もあるようではあった。ただ，現実には金融機関の対応は上記のとおりで，手続は進まなかった。

そんな中で次女は他界。遺言の執行者として，すぐに相続人である母に遺言書の開示と財産目録を作成して提示した。案の定，今回も遺言執行者の解任請求が母からなされた。この頃には認知症の症状も進んでいたとは思われるが，言うまでもなく長女の指図で弁護士は動いたものと思われる。

6．家庭裁判所の判断

このような状況で最初の判決が下りた。父親の遺言執行者の解任請求である。

残念ながら筆者の敗訴。弁護士とも相談の結果，この事件についてはこれ以上の戦いはしないことに決定した。我々の最大の狙いは，次女の意志を継いで財団を設立し，交通遺児に少しでも希望を与えることである。心情的には長女を勝たせるのは正直悔しいが，最も大切なことを見失ってはいけないという点で我々はまとまっていた。

暫くして今度は次女の遺言執行者解任請求の判決である。1審なので家庭裁判所レベルであるが，こちらは筆者側の勝訴。この段階で次女名義の預金を一部引き出し，財団への提供資金を確保することができた。

長女側（名目は次女の相続人である母親）はこの判決に満足するはずもなく，舞台は高等裁判所へ進展。結論を急げば，今回も筆者側の勝訴であった。

　ところが，この頃，長女は大変な行動を起こしていたのだ。父が死に，次女がその後を追い，残るは高齢の母親と長女一人である。最終的には財産の大半は自分のものになる運命である。長女にしてみれば，妹が画策していた財団など無用の長物であったかもしれない。しかし，この程度の社会貢献なら長女も協力しても良さそうなものだと，個人的には思ったが，彼女の特異な性格はこれだけでは済まなかったのだ。

　まずは当方の弁護士に対し，弁護士会宛に弁護士の懲戒請求がなされたのだ。遺言書があるにもかかわらず，次女と結託して遺産分割協議書で解決しようとしたことは，弁護士としての資質に欠けるという理由である。もともとは，次女と税理士である筆者の発案であるが，弁護士も当初からかかわってはいた。

　長女にとって，常識的に考えれば財産が自分のものになれば，それだけでよいのではないだろうか。弁護士が万一懲戒処分を受ければ，弁護士としての活動は今後できないことになるのだ。そこまでのことをなぜしなければならないのだろうか。

　この段階で容易に予測ができたのは，次は税理士である筆者に対する 税理士の懲戒請求である。旅行中の筆者に，その後間もなく税理士会から１本の電話がかかってきた。

7．高等裁判所の判断と税理士の懲戒請求

　『先生は〇〇さんをご存じですか？』この一言で全ては理解ができた。弁護士の次は税理士であろう。私の話を聞きたいので税理士会まで来て欲しいとのこと。

㉛ 税理士法45条及び46条に，税理士の懲戒処分について規定されている。懲戒処分それ自体は財務大臣の専権事項であるが，事実関係を含め，懲戒対象の税理士が所属する税理士会が調査し，その結果を財務大臣に通知・報告する。

第1章　遺言書・分割協議に関する失敗・トラブル

㉜
東京税理士会の場合，会員である税理士及び税理士の従業員等の規律保持を主管業務とする綱紀部が設置されており，綱紀委員が実務を執行している。その綱紀委員が主催し意思決定する会のこと。

　忘れもしない。税理士会の綱紀部に 綱紀委員会というのがあるのだそうだ。まさか自分がこんなところにお世話になるとは夢にも思わなかったが，綱紀委員の先生が3名，事務方が2名いらしただろうか。
　周りを先生方に取り囲まれるように，筆者1人がポツンと座り，まるで凶悪犯罪の犯人の心境である。もちろん，委員会の先生方は紳士で，穏やかに質問，回答，質問，回答が繰り返された。
　具体的なやり取りとしては，以下のようなものであった。

綱紀委員「本日，お呼び立てした理由はおわかりですか？」
筆　　者「弁護士宛に同じような請求があったことを聞いておりますので，○○さんから懲戒請求があったのだろうと思っています。」
綱紀委員「あなたは遺言執行者であるにもかかわらず，どうしてその遺言書をそのまま執行しなかったのですか？」
筆　　者「本人が『財産はいらないし，税理士の説明も不要だ。財産は妹が好きなように相続すればいい。』といったからです。」
綱紀委員「法律では，遺言書がある場合，それに基づいて遺産を分けることになっているのではありませんか？」
筆　　者「本人が財産はいらないといっている以上，妹に財産を少しでも多く渡せれば，財団の資金がそれだけ潤沢になり，社会貢献もできると考えたからです。」

こんな会話が延々と1時間も続いただろうか。気持ち的には1時間どころか，何時間にも何十時間にも感じられたが…。

　もとより筆者に罪悪感など微塵もない。長女が財産についての説明は不要，全財産は妹である次女に譲るから，分割協議書を作成しろと，言われるままに行っただけである。その裏には，財団の資金が増えることを喜んでいたのは事実であるが。

　この段階では高等裁判所の判決が下されていなかったこともあり，事件の進展をそのつど報告することで結論は先送りとなった。こんなことで，自分が税理士の懲戒処分など受ける筈はないと，99％の確信はあった。家庭裁判所レベルではあるが，次女にかかる裁判では勝訴しているし，税理士として恥じるところはないというのが当時の心境であった。しかし，万が一にも懲戒処分となれば，税理士事務所を今のままの状態で維持することはできない。職員の生活が脅かされることにもなりかねない。

　ただ，当事務所は税理士法人である。税理士は複数いるし，ちょっと定年が早く来たと思えば，その後の生活は何とかなると開き直った気持ちでもあった。もちろん，創業者の税理士が懲戒処分となれば，相応の打撃ではあろう。社会的な信用を大幅に失墜することも避けられない。

　時折，色々な事柄が，様々な心配が，浮かんでは消え，消えては浮かびながらも日々の業務にかまけて忘れていたのも事実である。生来の楽天的な性格のなせる業であろう。

㉝
前述の懲戒請求を受けて，税理士法45及び46条に基づき財務大臣が行う処分。

8．最後は和解

　前述したが，次女の遺言執行者の解任請求に対しては，家庭裁判所に続き高等裁判所でも勝訴。この後どうなるかといえば，

高等裁判所の次であるから理屈の上では最高裁判所となる。まさか，こんな事件で筆者が最高裁判所へ（実務は弁護士だが）行くことになるとは思えない。筆者も不勉強でこの時まで知らなかったが，こんなケースでは，①高裁の法令解釈違反や②過去の判例違反がなければ，最高裁判所は高等裁判所の判断どおりの結論を下すだけ。事実上は高等裁判所のレベルで結審ということになるのだそうだ。つまり，筆者の勝利，長女の敗訴である。

実はこの案件の他に幾つかの細かな訴訟案件もあり，同時並行的に進んでいたことは前述のとおりである。ただ，これらについては当方に不利な状況もあるにはあった。そこで，当方の弁護士からの提案で，これ以上の訴訟を継続することを止め，和解することになったのだ。この頃には財団も設立されていたし，銀行は全て名義変更手続を終了。当方の弁護士団（訴訟案件が複数になっていたため，途中から2人の弁護士）への訴訟費用の請求額の確定と税理士会への懲戒請求取り下げで和解が成立。

税理士会はこの取り下げで無罪放免，弁護士会の方もこれ以前に懲戒不相当が確定し，現時点で弁護士も税理士も何とか無事な毎日を送っている。

財団は次女の意志に賛同した人達で運営をしているやに聞いており（筆者は全く関与していない），筆者もその役割は何とか果たしたものと思っている。長女の気持ちもわからないでもないが，懲戒請求は彼女にとって何らの得になることではない。筆者に言わせれば，嫌がらせ以外の何物でもない。

この事案は，執拗な長女の性格に振りまわされた格好ではあるが，筆者にも反省がないわけでは決してない。確かに財団設立の目的は崇高であろう。いや，崇高であったからこそ，筆者

㉞ 和解とは，当事者間で争っている事柄について，両当事者が互いに譲歩し，争いを止める合意をすること。当事者による自治的かつ自主的な紛争解決方法である。訴訟では多くの時間と費用を要するとともに，当事者間に決定的な精神的亀裂を生じることになる。それに対し，和解によれば，迅速・円滑な紛争解決が図りやすい。なお，日常用語としては示談という語が使われることもあるが，示談は一方が全面的に譲歩する場合もあり得るのに対し，私法上の和解は互いの譲歩が要件になっている（民法695）。

も財団に少しでもお金が行くように欲をかいたのだ。長女の性格を知っていれば，ここまでのことをしなかったかも知れない。次女から長女の性格を聞かされていたにも関わらず，ことを進めたのは私の判断誤りだといわれても仕方がない。

　遺言の執行は，いかなる理由，たとえそれが崇高な目的があろうとも，そのままを執行するのが原点であり，当然のことではあろう。

　このような経験を踏まえて，もし，もう一度この事案を担当するとすれば，どのような理由があろうとも，遺言の執行はそのまま素直にするべきだと思う。税理士としても，人間としても，正義感は必要である。ただ，どこに正義があるのかは，それ程簡単な問題ではない。

　今でも自分が間違っていたとは思わないが，もう一段の冷静さ，客観的なものの見方は必要であったと反省もしている。

03 相続の効果はいつからか？
－消費税の影響も考えて－

introduction

相続が起こると、遺言がない限り速やかに財産の分割協議を始めなければならない。実は、民法上はこの協議が整うまでは全ての財産は相続人の共有状態となる。協議が整って初めて各相続人のものになるわけだが、その法律的な効果は全て相続時点に遡ると考えればいいのだろう。

しかし、税務実務においては、常識論とは異なる点もあるので注意が必要だ。というのも、財産分けに伴って、相続後の所得税のみならず、消費税にまで「思わぬ税負担を生じさせてしまう」ことにもつながるからである。

1．遺産分割の効果

相続において分割協議が成立すると、民法の上では遺産分割は相続開始時に遡って、その効力が生じることになっている。例えば、平成26年4月1日に亡くなった場合を考えてみよう。半年後の9月30日に分割協議が整ったとすれば、各相続人はそれぞれ遡って4月1日からその財産が自分のものとなるわけだ。

しかし、これはあくまでも相続財産そのものの帰属効果の発生日である。問題は、その財産から生まれる"法定果実"といわれるものの帰属効果が、相続開始日ではないことである。民法では法定果実については、遺産分割が整っても相続開始日から分割協議が整うまでの間は、法定相続人の法定相続分による共有という考え方をする。

現在の所得税法上も、基本的には上記の民法の考え方によっ

㉟
民法では、物の使用の対価として受けるべき金銭その他の物をいうと規定されている（民法88②）。天然果実に対峙する考え方で、その例としては、アパート・賃貸マンションの賃料や土地の地代、貸付金の利息などがある。

03 相続の効果はいつからか？ －消費税の影響も考えて－

ている。しかし，従前はこの 法定果実の税務上の取扱いは，はっきりと明示されてはいなかった。現在の取扱いは民法どおりとなっているとはいうものの，実務上はかなり柔軟な対応がされている。

それはさておき，この相続の効果の発生日をいつと考えるかによって，税負担が異なる結果となる。一度，相続人間の了解を得られていたのに，確定申告時に消費税の負担に気付き，慌てて訂正をした失態の事例である。

㊱ 相続財産と同様に，相続が開始された日に遡って法定果実もその相続開始日から相続人に帰属するという考え方が一つ。もう一つは，分割協議が整った日からその相続人に帰属するという考え方があり，税務の実務上はどちらの考え方も認めてきた経緯がある。

2．事案の概要

相続人は下図のように，被相続人の妻と長男，及び長女の3人である。相続開始日は平成26年4月1日。財産の状況としては，若干の預貯金や有価証券等細かなものもあるが，説明の都合上，テナントビル1棟と考えるものとする。

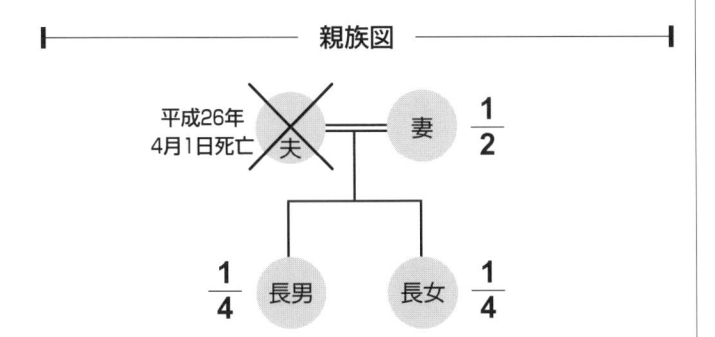

― 親族図 ―

平成26年4月1日死亡 夫 ＝ 妻 1/2
長男 1/4　長女 1/4

このテナントビルからの収入は月額で400万円弱，年間で約4,800万円あり，これが従前は被相続人と妻の生計を支えるものとなっていた。

既に嫁いでいる長女は預金の一部を相続することとし，テナントビルは妻と長男との共有で相続することで話はまとまった。

― 31 ―

3. 法定果実の考え方と帰属者

　長男はサラリーマンで既に所帯を持ち，別生計であった。当面は母親との同居を考えてはいなかったが，収入は母親が困らないようにとの配慮から，このテナントビルの持分は「母親：長男」で「2：1」の割合とし，㊲相続登記も無事に終了した。

　年も改まり妻と長男の確定申告にあたって，各相続人の申告の仕方で問題が生じたのだ。原則としては，前述のとおり相続財産自体は亡くなった日に遡って権利関係は確定する。

　しかし，法定果実である賃貸収入は，民法に従えば，亡くなった4月1日から分割協議が整った9月30日までは法定相続分による共有となる。したがって，4月1日からの半年分については賃料の2分の1は妻，長男と長女が4分の1ずつという形で申告することになる。

　この考え方に基づけば，次頁図A案のとおりで，賃貸収入を単純化して毎月400万円とすると，①の期間が1,200万円で被相続人に，②の期間が2,400万円で法定相続人，③の期間が1,200万円で分割協議に基づく相続人に帰属することになる。

　これに対し，法定果実も相続財産と同様に，相続開始日に遡って各相続人に帰属するとの考え方もあるだろう。この場合には，次図B案のように，②の部分も③の部分も分割協議に基づく相続人に帰属することになる。

㊲ 不動産の所有者が死亡し相続が開始すると，その相続人に所有権が移転する。しかし，その不動産の名義を相続人に変更するためには，相続登記の手続が必要になる。相続登記は，いつまでにしなければならないということはないが，相続登記をせず，被相続人名義のままでは売却や担保に入れることができないため，その事象が生じるまでには行わなければならない。

平成26年の賃貸収入

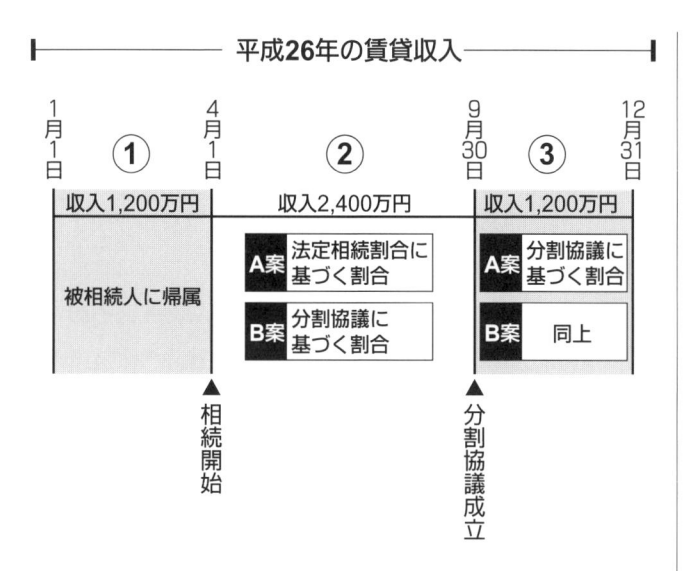

期間	① 1月1日〜4月1日	② 4月1日〜9月30日	③ 9月30日〜12月31日
収入	1,200万円	2,400万円	1,200万円
帰属	被相続人に帰属	A案:法定相続割合に基づく割合 / B案:分割協議に基づく割合	A案:分割協議に基づく割合 / B案:同上

- 4月1日：相続開始
- 9月30日：分割協議成立

　まず，民法の考え方に従って所得税の申告をする場合，それぞれの相続人は次の収入金額となる。

A案方式

妻　　2,400万円 × $\frac{1}{2}$ + 1,200万円 × $\frac{2}{3}$ = 2,000万円

長男　2,400万円 × $\frac{1}{4}$ + 1,200万円 × $\frac{1}{3}$ = 1,000万円

長女　2,400万円 × $\frac{1}{4}$ = 600万円

　また，法定果実までをも相続開始日に遡って効果の発生日と考えると，以下のような配分となるであろう。

B案方式

妻　　(2,400万円 + 1,200万円) × $\frac{2}{3}$ = 2,400万円

長男　(2,400万円 + 1,200万円) × $\frac{1}{3}$ = 1,200万円

長女　0円

4．所得税の申告と消費税の申告

　確定申告に際し，二つの考え方があることは承知をしていたが，原則どおり民法の考え方に則って申告する予定であった。

　しかし，この方法だと専業主婦である長女は分割が決まるまでは不動産所得を申告しなければならない。

　さらに，基準期間の被相続人の課税売上が4,800万円の4分の1で1,000万円を超えるため，長女は600万円の賃貸収入に対する消費税の納税も必要になる。妻や長男のように今後継続的に家賃収入があるのなら，所得税も消費税も申告することは当然のことといえるが，長女は他の2人とは状況が異なる。分割協議が整っておらず，相続の仕方も決まっていない状況であればそれも仕方がないであろう。

　しかし，現実には既に財産の分割方法は確定している。そこで，急遽，あえて民法によらず，相続開始日にまで遡って所得税及び消費税の申告をすることにしたのだ。というのも，確定申告の説明をした際，長女が猛然と異議を唱えたからである。当初からその説明をしておけば，ご理解も頂けたであろうが，時既に遅しという状況なのだ。

　ただ，実務的にはどちらの方法によって申告しても，それを税務当局から指摘されることはほとんどないだろう。税務署としては，まず，所得税については，累進税率の関係で総額として多少の税額の多寡はあるものの，課税漏れは生じない。また，消費税についても長女の分が課税漏れにはなるが，納税額の総額での相違はない。

　このことがあって，急遽方向転換，民法にはよらない方法での申告となった。ただ，実務の取扱いがそれ程厳格ではないといっても，理論的には指摘を受ければ修正せざるを得ないであ

ろう。

ここで，今一度現在の取扱いに至る経緯を確認しておきたい。

5．最高裁の判決と税務上の取扱い

民法においても，かつて相続開始から分割協議までの賃料が誰のものであるかについて争った事例がある。最高裁まで争われ，結論としては 法定果実を相続財産とは別物と考える立場㊳ が取られることになったのだ。法理論上の考え方はともかく，一般人の常識としては同一視してもよさそうな気もする。その証拠に，一審，二審とも別物とは考えていないことから，それをうかがい知ることができるためである。

さて，税務の世界では一体どのように扱ってきたのだろうか。実は，上記の判決が出る前は，必ずしも態度を明確にはしていなかったのだ。したがって，どちらの考え方によって申告をしても，それぞれ認められていたのが実務である。ただ，理論的には，最高裁と同じ立場であるといっていいのだろう。

このケースでは確定申告期限前に分割が整っているが，もし協議が不調であれば，法定相続分で申告せざるを得ない。その場合は，後日協議が整っても，所得税の世界ではやり直しを認めてはくれないのだ。

6．相続が起きた時点での準備

この事案と直接関わりはないのだが，被相続人の 所得を引き継ぐ相続人㊴ には注意が必要だ。事業所得や不動産所得を引き継ぐのであれば，その相続人は新たに事業を開始することになる旨を，税理士としては伝える必要があるからだ。

㊳
最高裁：平成17年９月８日判決
事件番号：平成16年（受）第1222号

㊴
被相続人が個人事業者である場合，相続人がその事業を引き継ぐことも想定される。また，被相続人が不動産賃貸業を営んでいる場合には，その賃貸物件を相続した相続人はその賃貸収入を申告する義務が生じることになる。いずれの場合も，被相続人に代わって相続人が新たな納税義務を負うことになるため，その準備が必要となる。

第1章 遺言書・分割協議に関する失敗・トラブル

⑪ その年分以後の各年分の所得税について，青色申告書の承認を受けようとする場合で，その年1月16日以後新たに業務を開始した場合には，その業務を開始した日から2月以内に，また，相続により業務を開始した場合には，原則4カ月以内に青色申告承認申請書を提出しなければならない。

㊶ 青色申告の承認申請は，青色申告者である被相続人の業務を，相続人が新たに業務を開始した場合，被相続人の死亡日により提出期限が定められている。

本事案においては，結果として特段の影響もなく事なきを得てはいる。しかし，確定申告の時期になってその影響に気付き慌てて対応することなどないよう，相続においては先の先まで考えることが必要であることを実感させられた事案である。

第2章 財産評価・特例に関する失敗・トラブル

　本書は相続税に関する失敗事例を中心に紹介している。しかし，直接的には相続税ではなく，他の税目に関係するものも含まれている。資産税というか，資産に絡む税法全般を扱っていると考えて頂いた方がいいのかも知れない。

　その中で，第2章では間違えやすい評価や特例に触れてみたい。もとより特例は通常の扱いとは異なるために，"特例"となっているものである。したがって，実務でも頻繁に登場しないものもあるが，それだからこそ，その適用にあたっては注意が必要となる。

　また，相続財産の評価にあたっては，教科書を通読しただけでは判断ができないような事例も数多い。まさにそれこそが実務であり，事実認定の領域でもあるのだろう。

　特例にしても，評価にしても，結局は一つ一つの事象を，根本的な基礎の部分から確認することに尽きるのではないだろうか。事実関係の積み上げである。

　それを確実に行っていたら，ほとんどの失敗は避けられたような気もする。ただ，現実には好事魔多しとのたとえもあるように，油断をして注意を払うことを忘れるのが人間である。

　また，我々税理士の仕事は，常に税務調査を念頭に行うものではあるが，だからといって税務調査における税務署の指摘が常に正しいとは限らない。立法の趣旨から始まって，通達の考え方，実務上の割り切り，それらを総合的に考え判断することも同時に必要となる。

　失敗から学べることは，どの時点でやるべきことを失念したのか，どの確認作業を怠ると失敗が生じるのかを反省するところから始まるのであろう。

01 居住用の3,000万円控除の適用判断を誤った事例

> **introduction**
>
> 居住用の土地・建物を売却した場合，3,000万円の特別控除があることは，税理士ならずとも広く知られているであろう。売却先や売却の仕方で特例の適用に若干の制約はあるが，通常はこの制約をクリアすることはそれ程困難なことではない。
>
> しかし，筆者の注意不足で申告直前になって，この特例が適用できないことに気が付いた。慌てて顧客にその旨の説明をしたところ，なんと損害賠償を求められてしまったのだ。特例の適用があり，税金上も有利だという当方のアドバイスに従ったからこそ売却したという言い分である。
>
> その後，特例の適否による差額のみならず，「適用ができないならそもそも売却をしなかったのだから，譲渡税全額を支払え」という無理な要求をされることになる。筆者がまだ若き日，税理士として独立後間もない時期のことだったが，1,000万円を超える金額の税負担をしなければならないことまで覚悟した，恐怖の事案である。

1．事案の概要

売却を検討した土地の状況は下記のとおりである。Aの部分は畑として農業用に活用され，Bの部分は自宅として居住の用に供されていた。この地域一帯は鉄道の新線開通に伴い，宅地開発が進んでおり，一団の土地全体が 一の収用の計画にかかったのだ。

①
課税の特例の対象となる収用には，土地収用法に基づく収用の他，都市計画事業や河川法，道路法等の法律によるもの等様々なものがある。それぞれの収用は計画に基づき，範囲や対象地が定められており，その収用の計画ごとの単位のこと。

第2章 財産評価・特例に関する失敗・トラブル

― 土地の状況 ―

```
┌─────────────────────────┬──────────┐
│           A             │    B     │
│                         │ 居住用   │
│         農 地           │ 宅地     │
│        1,000坪          │  300坪   │
└─────────────────────────┴──────────┘
            道 路
```

②
公共事業に供するために資産を収容された場合、それが公益の要請であり、所有者の意思に基づかないものであることに着目して、税の負担軽減措置が講じられている。その軽減措置の一つで、一定の条件を満たした場合、収用による譲渡益から5,000万円を控除する特例（措法33の4）。

③
個人が自己の居住の用に供している建物を譲渡した場合、又は建物と共にその敷地を譲渡した場合等で、一定の条件を満たす場合に適用される特例。その所有期間にかかわらず、譲渡所得の金額から3,000万円を控除できる（措法35）。マイホームを売却した場合に適用できるもので、譲渡所得の中では広く使われている特例である。

④
譲渡する年の1月1日時点で10年超所有している居住用財産について、前述の3,000万円控除をした残額に対し、次の特例税率を適用する特例（措法31の3①）。
6,000万円以下の部分
　：10％（住民税4％）
6,000万円超の部分
　：15％（住民税5％）

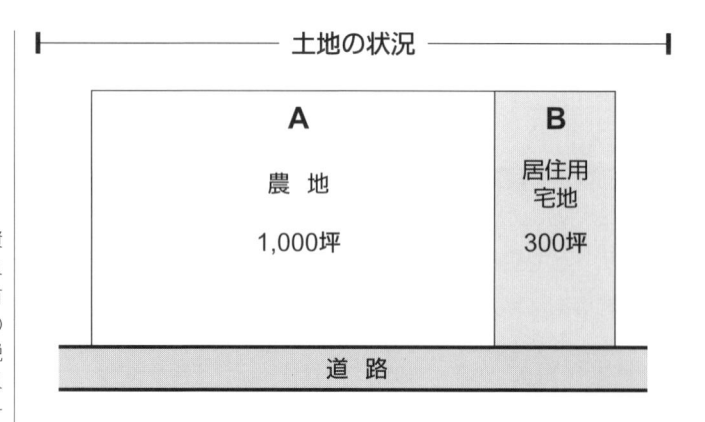

　この事件の発端は、ある大手デベロッパーから甲氏を紹介され、B部分の居住用の土地・建物の売却にかかる税務の相談を受けたことだった。その折、この土地は周辺の開発が進み、隣地であるAの部分は3年前に収用された旨、及びその申告に際しては、②5,000万円控除の適用を受けた旨の説明は受けていた。
　隣地Aの収用からこの話に関わっていれば、あるいは違った展開になったかもしれないが、この時点では単純な居住用財産の譲渡という認識しかもっていなかったのだ。
　したがって、顧客へ③居住用の3,000万円控除と④10年超所有の場合の軽減税率の適用がある旨の説明をした。売買契約直前ではあったが、それを踏まえて、甲氏も安心し納得して当方への申告作業を依頼頂くこととなった。
　その後、確定申告の時期になり、必要書類を整えている手続の中で、3年前に収用された経緯をもう一度確認していたときのことである。当時は今回売却予定の居住用部分を含めて、一括で収用の対象となっていたという。しかし、甲氏は居住用部分についてははっきりと転居先が決まるまで、待ってほしい旨の希望をしていたようである。
　つまり、居住用部分も含めて収用そのものに対しては応諾を

― 40 ―

していたものの，引き渡しの期限を二つに分けて契約をしていたのだ。その後，今年になって転居先候補が決まったことで，最終的な引き渡しの時期が確定したというのが事の真相であった。

このような状況では，当初の収用時点で5,000万円の特別控除を適用しているため，今回，居住用の3,000万円の特別控除は適用できないこととなる。すぐにお詫びかたがた顧客への説明に伺うこととした。

2．特殊事情と責任問題

言うまでもなく，当初から詳細を確認していなかったのがミスの原因である。しかし，とにもかくにも顧客は全ての責任を当方になすりつけてきた。居住用の特例が適用できなければ，売却の意思決定はしなかったとまで言う始末。当初の相談時ではそんな話ではなく，買う場所が決まったから売却の申告手続をどうすればいいのか，その際の税負担はどれ位の金額になるのかという相談だったのである。

当方とは 申告手続に係る契約書も締結しており，この期に及んで「言った，言わない」の議論は無駄であった。さらに，この顧客を紹介してくれたデベロッパーと当方には実はある事情もあり，問題を大きくしたくない状況もあったのだ。

そのある事情とは，この甲氏の紹介元である大手デベロッパーとの関係である。当方はまだ独立したてで安定した顧客もほとんどない状況であった。しかし，ひょんなことからこのデベロッパーとの友好関係を築くことができつつあったのだ。顧問契約というようなしっかりした契約は何もないものの，時折今回のように，顧客を紹介してくれてもいた。そのため，簡単

⑤ それぞれの事務所のやり方だと思うが，筆者の事務所では単発の仕事で金額的に多額の場合には，着手の前に業務委託契約書を作成する。そして，業務内容と納期，報酬額とその支払方法等について確認を行っている。金額的に少額な場合には，顧問客でない場合のみ『発注書』で代替するが，いずれの場合も事前に必ず見積書を作成し，金額的なトラブルを回避している。

第2章　財産評価・特例に関する失敗・トラブル

な税務の質問には無料でお答えをしていたのだ。

この甲氏が問題児であることは明白である。それは紹介先のデベロッパーからも今まで苦労させられたという話を聞いていたので，気を付けてはいたのだ。居住用の転居先を探すにあたっても，相当に無理難題を押し付けられ，金額的にもデベロッパーの方で大幅な譲歩をしているとのことであった。

いわゆる典型的なクレーマーではあるが，今回のことが原因で税理士のミスをデベロッパーにでも告げ口されたら，今まで構築してきたデベロッパーとの信頼関係がすべて崩れてしまう…。そんな懸念があったため，ほぼ甲氏に言われるがまま，居住用特例が適用できない場合の税負担を，すべて当方がする誓約書まで書くことになってしまったのである。

3．居住用特例の適用の可否

ここで，このケースで居住用財産についての3,000万円控除適用の可否について考えてみよう。

まずは先に収用の対象となったAの農地部分とBの居住用部分は，用途は異なるものの一団の土地として収用の対象地である。このケースでは，居住用部分についてはAの部分より3年遅れての売却となっている。

もし，Aの部分とBの部分を同時に売却するのであれば，判断はそれほど難しくないだろう。収用の5,000万円控除と居住用の3,000万円控除の両方を条件的には満たしていても，最大で5,000万円控除の適用しかできないためである。

また，Aの部分で5,000万円の特別控除を適用せず，⑥代替資産を取得して課税の繰延べをした場合には，Bの居住用部分については3,000万円の特別控除を適用することも可能である。

⑥
収用の場合に認められている代替資産の取得をした場合，取得資産について実際の取得金額を取得価額とすることはできない。収用された資産の簿価を基に取得価額を算出するためである。そうすると，実際の取得金額を大幅に下回ることも多く，その後の減価償却が金額的に僅少となる。その結果，代替資産取得後の利益が過大に計上されて課税部分が多くなるため，収用時にその時点では課税がなされなかっただけで，それが後日に先送りされただけの結果となる（措法33）。

－ 42 －

ここでの判断の誤りは，一団の土地の収用であるにもかかわらず，期間が3年も開いているため，一の収用であることを確認しなかった点にある。

 ただ，仮に上記のことに気が付いていても，3年もの時間的な経過で，居住用の特別控除もできそうな気がしないでもない。実は，筆者も十分に確認もせず，当初は何の疑問も抱いていなかったのだ。ただ，申告段階でもしかして，という疑念が初めて湧き確認に至ったのが実態である。

4．申告書の提出で気になる点

 さて，問題の確定申告である。結論としては，居住用の3,000万円特別控除を適用して申告せざるを得ない。あえて申し上げるが，当時は綺麗ごとを言ってはいられない状況だったのだ。

 もちろん，税理士たるもの，税理士法第1条にうたわれている税理士の使命を忘れていた訳ではない。第1条に曰く，『税理士は，税務に関する専門家として，…（中略）…租税に関する法令に規定された納税義務の適正な実現を図ることを使命とする』のだ。知識不足であればともかく，適用がないことを知っていながら誤った申告を提出していいのか，税理士として，一人の人間として，相当に逡巡したことも事実である。

 さらに言えば，税理士として税法に基づいて税務当局と是々非々で戦うこともあるが，かつては税務職員として税法を守り，適正な課税業務を遂行する立場にもあった人間だ。

 しかし，しかしである。税理士である前に，私も家庭を持った身，女房も子供も年老いた母親も養っていかなければならないのだ。家族を守る義務もあるのだ。建て前は十二分に理解は

⑦ 税理士の制度を定める法律。税理士の使命，職務，税理士会・税理士会連合会の制度などを定めるほか，無資格者が税務業務を行ったり，税務業務を取り扱っている旨の表示の禁止等各種の禁止事項などを定め，税理士はこの法律によって保護されると同時に拘束される。

していたものの，ここは運を天に任せて，税理士としては適用できないことを知りながら，それでも予定どおりの申告を行わざるを得なかったのである。

　ここで最も気になる点は，申告書に添付する <u>登記簿謄本</u>⑧である。所有権が顧客である甲氏から収用の事業施工者に移転する際の移転原因であるが，登記簿には「収用」と記載される。

　これを見た税務署の職員にとって，所有権移転の原因が収用であることは一目瞭然である。収用であれば，通常は <u>収用証明書</u>⑨，<u>公共事業用資産の買取り等の申出証明書</u>⑩，<u>公共事業用資産の買取り等の証明書</u>⑪，等々の書類が添付される。

　ただ，これは収用であることを理由に特別控除の適用を受ける場合，又は代替資産の取得をして課税の繰延べをする場合の話だ。

　本事案では移転の原因が登記上は収用になっていても，税務上適用する特例は居住用財産の3,000万円控除である。本事案は実際の売却益が5,000万円以上であった。そうだとすれば，このような場合，収用の5,000万円控除と居住用の3,000万円控除の双方が適用できるとすれば，常識的には5,000万円控除を適用するだろう。

　しかし，このような場合であっても，居住用の特別控除を適用すること自体何ら問題はない。そして，収用ではなく居住用の特例を適用するとなれば，当然のことであるが添付書類も住民票の写し他となり，収用の場合とは異なるものとなる。

　つまり，税務職員も登記簿謄本だけを見れば収用だとはわかるだろう。しかし，それでも居住用の特例を受けるべく申告書を提出したときに，「何か不自然に感じるだろうか」ということなのだ。わかりやすくいえば，「もっと有利な選択をしないことを不自然だと思い，過去の申告書まで確認のために見直す

---

⑧ 登記には商業登記と不動産登記があるが，登記簿を全て写した書類で，法務局が発行してくれる登記簿のコピー。ただし登記簿謄本には，法務局の印鑑が押され，偽造防止のため複雑なパンチ穴の通しがある。法務局が登記の内容を証明してくれる書類であって，単なるコピーではない。

⑨ 収用を行う起業者が発行する証明書で，事業名（路線名等及び施工箇所，工事名），土地売買及び建物移転補償等の契約年月日，土地所有者の住所，収用金額等を記載したもの。

⑩ 公共事業施行者が最初に買取り等の申出を行ったつど作成し，その申出を受けた資産の所有者に交付する証明書。資産の所有者，事業の名称，買取り等の申出年月日，買取り等の態様，買取り等の申出をした資産等が記載されている。

⑪ 公共事業施行者が資産の買取り等を行ったつど作成し，その資産の譲渡者等に交付する証明書。譲渡者の住所や名称，事業名（資産の買取り等を必要とする事業の具体的な名称）の他，買取り価額，資産の所在地，買取り等の価額や態様等が記載されている。

ことがあるか」ということなのである。

　もし，税務職員がそこまでの見直しをすれば，それが一団の土地で過去に収用の特別控除の適用があることがわかるだろう。そして，居住用の特例は否認されることになるだろう。しかし，逆に居住用の特例の要件だけ確認すれば，問題なしとして調査省略の可能性も高いのだ。ここから先はいわゆる"タラレバ"の話で理論的なものではない。

　ただ，譲渡税の申告に対する税務署の対応は，原則的にはその年に提出された申告書を審理し，その年に調査をするか，問題なしとして調査省略とするかのどちらかであり，基本的には翌年に持ち越すことはしないだろう。なぜなら，翌年になればまた翌年の新たな申告書が提出されるため，年度ごとに調査するのか否かを決めていかなければ，作業が完結しないと考えられるためである。

5．運を天に任せて

　言い訳がましくなってしまうが，前述のとおり，税法上は居住用の特例はないと知りながら，申告をする以外，他に選択肢がなかったのだ。結果として，居住用の特別控除を適用して申告をした。

　結論を急ごう。さすがに申告直後はこのことが頭から離れなかった。いつ税務署から連絡があるかと，ドキドキしていたが，忙しさの中でその内，すっかり忘れてしまっていた。年が改まり，新たな年を迎えた。この時点で十中八九お咎めなしだ。

　そして，さらに1年が過ぎ，2年が過ぎ…。請求を受けるような事態に発展することもなく，事なきを得た。思えば，当初の確認が不十分だったのだ。資産税の怖さを知っていながら，

第2章 財産評価・特例に関する失敗・トラブル

簡単に考え過ぎていたのだ。資産税業務の中で最も怖いのが譲渡所得⑫だと，筆者は感じている。相続税ももちろん怖いが，相続の評価で天と地ほど評価差額が生じるとすれば，広大地⑬くらいであろう。

　20年近く経った今も，収用の案件に出くわすたび，あの恐ろしさがよみがえり，身の引き締まる思いがする。

---

⑫
所得税における課税所得の区分の一つで，資産の譲渡による所得をいう。譲渡所得は，譲渡した資産の種類，及び保有期間が5年以内か5年超かによって，課税方式や税率が異なるが，一定の譲渡所得は分離課税の対象とされている。それは，譲渡所得が経常的な所得とは異なり，その実現のタイミングを選択することが可能であることから，損益通算による租税回避に用いられやすいことにある。各種の特例が複雑に設けられているため，その適用にあたっては相当程度の注意が必要である。

⑬
対象となる不動産が広大地に該当する場合，通常の原則的な評価方法ではなく，減額幅の大きな評価となるが，下記の3要件を満たす必要がある。
①標準的画地に比べて著しく地積が大きいこと
②戸建分譲用地が最有効使用であること
③戸建分譲地として開発するにあたり，開発道路等の公共公益的施設用地の負担を要すること
適用の有無にあたっては，誰にでもわかる明確な基準がなく，実務上，税理士は判断に迷うことが多い。

02 事業用資産の買換え情報と税務署の管理

introduction

　法人を前提に考えるとあり得ない話だが，個人の場合，必ずしも帳簿が整っているとは限らない。とりわけ，事業用とはいうものの，何十年も前に購入した土地について，当時の事業用資産の買換え特例を適用したか否かなど，ほとんどの場合記憶も記録もないだろう。顧客である納税者の側に，この制度に対する理解も知識もないことが多いためである。まして，担当する税理士が当時と今とで異なる場合はなおさらである。

　当時その特例を適用したか否か，又は適用したとしてその引継ぎ価額はいくらか等を確認することは，税務署に出向けば可能ではある。

　買換え特例は課税の繰延べである以上，買い換えた土地を売却すれば，多額の譲渡益が生じることは容易に想定される。一方，土地購入から時間がかなり経過していることもあり，税務署にも当時の記録が残っていないことも想定された。

　それを期待して，事実を確認しないまま，特例適用をしていないことを前提に申告をした事案である。

1．事業用資産の買換え特例

　所得税法においては，特定の事業用資産について買換えを行った場合，原則的な譲渡税課税を行わず，課税の繰延べが認められている（措法37，措令25，措規18の5）。

　この制度の中で最も使い勝手がよく，多用されているのは同法37条1項9号，いわゆる10年超所有の土地等の譲渡であろう。国内にある10年超所有の土地・建物等を譲渡し，国内にある土地・建物等を取得した場合に適用される特例だ。

　この特例の適用を受けた場合，当然のことではあるが取得し

た税務上の土地等の価額は，実際の取得価額ではない。法人税法でいう圧縮がなされているためである。したがって，実際の取得価額に比して金額的にはかなり僅少となっている。

この特例はあくまでも課税の繰延べである。したがって，土地を売却して土地に買い換えた場合には，その買い換えた土地を後日売却した時点で，それまで繰り延べられていた課税が実現される訳である。

2．税務署の管理・保管

今では想像することすら難しいが，少し前までは一般企業でも税務署でも，資料は全て手書きで保管も紙ベースであった。そのため，紛失の可能性も十分にあり得る。また，紛失はしないまでも，保管場所を誤っていたために，いざ活用しようとしたときに活用できない事態も想定はされる。

税務職員も人の子である。税務署の資料の管理・保管の実態として，そのようなことが全くないとはもちろん断言はできない。

しかし，筆者が税務署に在籍していた何十年も前の時代でも，資産税担当部門では相当程度古い資料も管理は整然となされていたように思う。特に超大口資産家と呼ばれる富裕層に対しては，個人ベースではなく 一族全体の様々な資料が集積されていた。

そして，問題の事業用資産の買換え特例を適用した事案については，適用年分ごとに区分けがなされ，引継ぎ価額の記載が明瞭になっていた。

さらに付け加えるなら，当時から紙ベースではあるが，引継ぎ価額については所得税担当部門へも連絡をすることになって

⑭
名義預金，名義株等の可能性もあるので，将来の相続に備えて個人別ではなく，一族全体を一つのグループとして資料を収集している。

⑮
買換え特例を適用した場合，実際の取得価額でなく，法人税法でいう圧縮記帳がなされた金額が減価償却の基礎となる金額である。その記録を資産税部門で記録，保存し，減価償却の計算に間違いのないようチェックしている。

いた。そうすることで，特に建物への買換えをした場合，減価償却の基礎となる金額に誤りがないよう，注意を喚起していたからだ。

3．事案の概要

　事業用資産の買換え特例の適用の有無がわからない事案である。借地人に底地部分を売却し，その売却代金をもとに新たな土地を購入した事実だけは当事者に記憶があった。その経緯から，当時の申告に関与した税理士が特例の適用をした可能性は十二分にあった。しかし，当時の申告書も保存がなく，本人にそれについての認識が全くなかった。

　こんな場合，冒頭に述べたように，もちろん税務署で確認するのは容易だ。むしろ，税理士としては委任状を持参して<u>過去の経緯の確認</u>をするのが当然の業務だろう⑯。前述のとおり，税務署の管理体制は整っているからだ。

　しかし，税務署に照会をした上で確認をし，特例の適用をしていることが判明した場合には，税務署にもその旨が知られてしまう。そして，多額の譲渡税を負担する結果となる。

　そこで，上記を踏まえて業務の進め方について顧客に説明したところ，ダメもとで特例の適用なしの申告をすることを要請されたのだ。つまり取得費については，売買契約書に基づく実際の土地の購入価額で計算をすることになった。

　税理士として正しい判断ではないのは承知をしていたが，顧客からの要請でもあり，そのリスクを説明，了解を頂いた上で業務を進めた。そのリスクとして，具体的にはもし特例を適用していた場合の本税の修正税額，加算税，延滞税等の金額をあらかじめ顧客に伝えたのである。

⑯ 事業用資産の買換え特例の適用を受けるための申告書への記載や譲渡資産，買換え資産の価額に関する明細等の確認作業。

第2章　財産評価・特例に関する失敗・トラブル

　もちろん税理士として，脱税にまで加担できない。しかし，このようなケースでは，顧客の要請に応え，正規の確認をしないで業務を進めることまでは，ギリギリ許されることなのかも知れないと当時は判断し，とにもかくにも，事実を未確認のまま業務を進めた。

4．税務署の対応

　それでは，税務署としては引継ぎ価額等をどのように管理しているのだろうか。従前の紙ベースで管理をしていたものを，ＫＳＫ（国税総合管理）システム⑰というコンピューター管理に変更した際，全てそれらの情報を入力している。

　したがって，現在では該当する不動産を検索すれば，たちどころに買換え資産の情報がアウトプットされる仕組みになっている。

　こういうと税務署では，各種情報がしっかりとデジタル上で整理・管理されているように感じるかもしれないが，問題としては二つある。

　一つ目は，税務署によっては引継ぎ価格等の管理票⑱が結構杜撰に管理されていた場合があることだ。本来あるべき状態と，現実が異なることはよくあることである。いくらＫＳＫシステムの導入でデジタル管理になったとしても，導入前の紙ベースの管理体制が整っていなければ，結果は自ずと推して知るべしといえるだろう。

　問題の二つ目は，確かに今やパソコンのキーボードで検索さえすれば，詳細は瞬時にわかる。しかし，毎年譲渡所得として申告された案件を，買換え資産かどうか全てにわたってチェックしていないことも考えられるということだ。

⑰
KSKとは，KOKUZEI SOUGOU KANRIの略で，国税庁が全国の国税局（所）及び税務署をネットワークで結び，申告・納税事績や各種情報を入力して，税務行政の各種事務処理を行うための全国規模のシステムのこと。

⑱
引継ぎ価額を管理するための個票。

つまり，二つの問題点を考えると，顧客の要請どおり何らの確認をしないで申告をしても，指摘を受けずに申告が是認されることも十分にあり得るということである。

5．不動産所得についての税務調査

　この顧客は，土地を多数所有するいわゆる大地主である。不動産所得も多額で，税務署の区分けでは間違いなく大口資産家として注目される存在であろう。

　上記のような状況であったため，当初は譲渡所得の調査に注目していたのだが，実際には所得税担当から不動産所得についての税務調査の連絡があった。ただ，後述するが結果としては同時に譲渡所得について，資産税担当の調査官も同席し，不動産所得，譲渡所得双方の税務調査を受けることになったのである。

　さて，話はそれるが，所得税担当においては，自宅や事業所で行われる臨場調査[19]の件数は非常に少ない。その少ない件数の大半は事業所得の調査に時間が費やされている。不動産所得では事業所得に較べて，大きな不正や増差[20]が見込めないこともその一因であろう。また，確認すべき個所も少なく，わざわざ臨場するまでもないとも考えられることもその要因かもしれない。

　読者の方々は『決算書（収支内訳書）の内容についてのお尋ね』というのをご存じだろうか。平成24年分の所得税の確定申告後に東京国税局管内だけで始まった，新手の調査手法である。

　といっても当局は調査であるとは認識していない。いや，認識していないということになっている，というのが正確な言い

[19] 実際に自宅や事業所等の現場へ赴いて行う調査のこと。

[20] 不動産所得については，事業所得のように仮装・隠ぺい等が行われる余地が多くないので，大きな不正や増差は，事業所得に較べて見込めない。

第2章　財産評価・特例に関する失敗・トラブル

方であろう。この原稿の執筆時点（平成26年10月）では，前述のとおり東京国税局管内だけで施行されているものだが，それなりの効果と実績が確認されれば，確実に全国にその範囲は拡大されるものと思われる。不動産所得の調査と併せて，このお尋ねについて言及しておこう。

6．お尋ねの注目すべき点は

　このお尋ね[21]は，不動産所得を申告している納税者に対し，特に経費について再度の確認を促すものなのだ。具体的には，租税公課，修繕費，借入利子，減価償却費等々の内訳を回答して欲しいというものである。支払先の名称や修繕の内容，物件の所在地，支払金額の欄に続き，ご丁寧にその金額の内，経費に算入した額の記載が要求されている。

　支払った金額の内，「経費に算入した金額は本当にそれでいいのか」，「自宅部分等経費にならないものが混入していないか」，「税務署はそこを疑っているぞ」と言わんばかりの内容である。

　ただ，面白いことにこのお尋ねの冒頭には，こんな文章が添えられている。『この"お尋ね"は調査として実施しているものではなく，行政指導としてお尋ねしているものです。なお，お尋ねに伴う自主的な見直しにより，修正申告書等が提出された場合については，加算税が免除されます』と。

　これを見ても税理士ではなく，一般の納税者にはすぐにはその意味が理解できないであろう。通常，税務署が納税者向けに質問する場合，それは質問検査権[22]という職権に基づく税務調査である。しかし，これはわざわざ税務調査ではないといっており，実は，ここがこの文書のミソなのである。

---

[21] 『決算書（収支内訳書）の内容についてのお尋ね』のこと。税務署が納税者の"スネに傷"の感情を利用した新手の調査方法である。敵ながらアッパレ。

[22] かつては各税法ごとに整理されていたが，現在は国税通則法に規定されている。国税庁等又は税関の職員は，所得税，法人税又は消費税等に関する調査について必要があるときは，納税義務者等に質問し，帳簿書類その他の物件を検査し，又はその物件（その写しを含む）の提示若しくは提出を求めることができるとするもの（通則法74の2①）。

7．税務調査であれば

　ご存じのとおり，平成23年度の税制改正で，国税通則法の改正が行われ，税務調査のやり方がかなり変更されている。調査を実施するにあたっては，事前に調査の対象となる納税者と税理士の双方に，様々な項目を連絡しておかなければならない。さすがにその後，事務手続の煩雑さを考慮して，税務代理権限証書に一定の記載をすれば，調査の連絡は関与税理士だけで済むようにはなったが…。

　いずれにせよ，具体的には調査の日時や場所の他，目的，対象となる期間や帳簿書類等々を連絡する必要があり，結構面倒な仕組みになっている。つまり，めったやたらには調査ができないようになってしまっているのだ。

　したがって，今までのように，安易に経費の内訳を提出せよ，相手先を明示せよ，とはいえなくなってしまったのだ。そうはいっても，少ない税務職員の数で，最大の調査結果を期待したいのが税務署の本音だろう。

8．便利な"行政指導"で失ったものも

　そこで考え付いたのが，税務調査ではなく"行政指導"なのだろう。これなら調査の目的から始まって，対象となる期間だの帳簿だのと面倒なことは必要がない。事前に納税者や税理士に連絡する必要もない。

　つまり，手軽に『税務署はあなたの申告内容，疑っていますよ！』と，軽いジャブを繰り出すことが可能なのだ。"行政指導"とは，何と便利な言葉であろうか。とはいうものの，税務署もこれですべてが円満に解決できた訳ではない。調査でない

㉓
「経済社会の構造の変化に対応した税制の構築を図るための所得税法等の一部を改正する法律」（平成23年法律第114号，平成23年11月30日成立，同年12月2日公布）により，調査手続の透明性と納税者の予見可能性を高めるなどの観点から，税務調査手続の運用上の取扱いが法令上明確化された。また，全ての処分（申請に対する拒否処分及び不利益処分）に対する理由附記の実施及び記帳義務の拡大等も同時に定められている。なお，税務調査手続の法定化及び処分に対する理由附記の実施に係る規定については，平成25年1月1日から施行されている。

㉔
納税者が税理士（税理士法人）に対して税務代理を依頼する際の，いわゆる委任状で，税理士又は税理士法人の事務所の名称及び所在地，税務代理の対象とする税目・年分，調査の通知に関する同意等が記載されたもの。

㉕
行政機関が，ある行政目的を実現させるために行う手段。法令による強制という手段をとらずに，勧告，指導，助言，斡旋，要望など多様な手法で，相手方の同意若しくは自発的な協力を得て，適当と思われる方向に誘導する一連の事実上の活動をいう。

第2章　財産評価・特例に関する失敗・トラブル

㉖
申告や納付を期限までに行わない場合に課される一種のペナルティー。罰金の要素が強く，一律に課税割合が決まっている追加課税。
①申告書を提出しない場合に課される「無申告加算税」
②申告期限内に提出された申告書に記載された納税額が過少であった場合に課される「過少申告加算税」
③源泉所得税を納付期限までに納付しなかった場合に課される「不納付加算税」
④事実を仮装隠蔽し申告を行わなかった場合，又は仮装に基づいて過少申告を行った場合に課される「重加算税」
がある。

㉗
以前は同じ所得税の税目でも，分離課税以外は所得税担当，分離課税については資産税担当が税務調査を行っていた。同じ納税者に対する所得税の調査なので，両方の担当が同時期に一の税務調査として行う調査のこと。なお，現在は分離課税についても，所得税担当が行うケースもある。

と言い切ったからには，修正申告が提出された場合にも，『加算税㉖』というペナルティーが課せられないからだ。

　通常，税務署からの問い合わせは，質問検査権の発動である。したがって，税務署に指摘されて修正申告を提出すれば，調査に基づく修正申告になる訳で，ペナルティーが課されるのが自然な道理であろう。

　しかし，この場合，その修正申告をする納税者が，税務署から指摘されたからではなく，自らの意思で，良心や善意から湧き出た感情で自主的に申告内容を訂正したということになる。だからこそ，ペナルティーは課されずに済むという結論になるのだ。

9．所得税・資産税の同時調査

　さて，今回の申告に係る税務調査に戻ろう。前述のとおり，不動産所得についての所得税担当と譲渡所得についての資産税担当と，合同での税務調査㉗となった。かつて分離課税の譲渡所得については，その調査は資産税担当が必ず行っていた。しかし，東京局管内では，昨今資産税の担当は相続税調査が大半である。譲渡所得の件数自体が少なくなったのか，調査人員と件数から，そこまで手が回らない状況もあるのかも知れない。資産税の経験者を所得税担当に回し，譲渡所得の調査に充てている例も多い。

　ただ，今回のケースは顧客が大口資産家でもあり，所得税担当と資産税担当が連携して，効率よく同時に調査をすることになったのだろう。

　結果的にはそれが災い（？）したようだ。譲渡所得について，事前のチェックが行われ，事業用資産の買換え特例を適用して

— 54 —

いる旨の指摘を受けた。したがって譲渡資産の引継ぎ価額で計算せざるを得ず、多額の譲渡益が算出され、<u>修正申告</u>を提出することになってしまった。

　全ての譲渡所得の申告について、特例適用の有無を確認する訳ではないにせよ、今やパソコンのクリック一つで簡単に判明することだけは、税理士として肝に命じておくべきなのだろう。

㉘ 申告した税額が実際よりも少なかった場合に提出する申告で、その誤りについて自主的に提出する場合と、税務調査で指摘されて提出する場合がある。前者は本税と延滞税を納めることになるが、後者の場合には、これらに加え過少申告加算税又は重加算税が課される。なお、修正申告をした場合は税務署への異議申立てはできなくなる。

03 事業用資産の買換えの計算に取得費加算が加わると…

introduction
　当方のミスではないが，他の税理士のミスを10年後に発見し，少しだけ損失を取り戻した事案である。税務署は以前の税理士の誤りを知っていながら放置し，場合によってはこんな意地悪をするという事例の紹介である。

1．事案の概要

　相続で取得した土地を10年ほど前に売却し，事業用資産の買換え特例を適用して，別の新たな土地を購入していた。その時点では当方は関与していなかったが，今回，その買換え資産である土地を売却した申告業務を依頼されることになったのだ。

　幸いにもその当時の古い申告書が保管されていた。そこから引継ぎ価額もわかるため，本来なら当時の税理士が作成したその資料を基に計算すればいいだけである。

　しかし，意外な事実を発見したのだ。取得費の計算をするにあたり，相続で取得したものであるため，取得費加算の特例を適用していた。取得費加算の計算自体は正しかったのだが，それを事業用資産の買換えを適用した売却資産の取得費に加算する段階で誤りがあったのである。

　詳細は後述することにして，当時，税務署はその申告書の誤りに気付いていながら放置し，結果としては，納税者が所得税を過大に納付していたという事案である。

㉙
国土政策や土地政策に合致する事業用資産については，その買換えを推進すべく取得価額を引き継がせることを条件に，課税の繰延べを認める特例が用意されている（措法37～37の4）。

2．取得費加算の特例と『譲渡所得の内訳書』

　相続税の課税価格に算入された資産を，相続税の申告期限後３年以内に譲渡した場合，相続税額の一部をその譲渡した資産の譲渡税の計算上，取得費に加算できるという特例（措法39）がある。これを一般に取得費加算の特例といっているが，取得費が増大する分，譲渡益が減額され，譲渡税の負担が軽減される特例である。

　取得費加算される金額の算式を，土地を例にとって簡略化して記載すれば，次のとおりとなろう。

$$確定相続税額 \times \frac{A}{B}$$

　＊Ａ：相続等によって取得した土地等の価格
　＊Ｂ：相続税の課税価格

　この特例は平成26年度の税制改正で，分子のＡの部分が大幅に縮減され，"譲渡した土地等"とされている。したがってこの規定が適用される平成27年１月１日以降に開始する相続等により取得した土地等の譲渡については，譲渡税の負担額が増大することは必至である。

　それはともかくとして，取得費に加算される金額の計算自体は，上記計算式のとおり，決して複雑なものでない。ただ，これが事業用資産の買換え特例と組み合わさると，複雑な計算になるのだ。

　以前の税理士が取得費の計算誤りをしたのは，譲渡所得の申告書に添付する『譲渡所得の内訳書』の書式にも問題はありそうだ。というのも，取得費加算の特例を適用した金額を，『譲渡所得の内訳書』のどこにどのように転記すべきかの説明

㉚ 改正前は実際に『譲渡した土地等』ではなく，譲渡していない土地等も含まれていたため，取得費に加算される金額が多く，譲渡税の負担の軽減となっていた。

㉛ 土地や建物を譲渡した場合の譲渡所得金額の計算用として，また措置法等による特例の適用を受ける場合の計算明細書で，売却先，売却価額，決済日時等が記載される。

がないためである。

　60頁の『譲渡所得の内訳書（3面）』を確認いただきたい。

　この中の「2　譲渡（売却）された土地・建物の購入（建築）代金などについて記載してください。」を見ると，単に(イ)＋(ロ)－(ハ)の残高を記載する指示があるだけである。通常の場合は確かにこの合計額を記載すれば十分だろう。

　しかし，取得費加算の特例を適用する場合，当時の税理士は，うっかりこの欄に"相続税の加算分"として，本来の取得費と2段書きにしてこの欄に明示したようなのだ。

　その結果，4面（61頁）の「6　譲渡所得金額の計算をします。」の「(2)K　必要経費」の欄は圧縮され，金額が少額となったままで記載されることになる。つまり，本来は買い換えた土地部分だけが圧縮されればいいのに，取得費加算の特例適用額まで圧縮され，譲渡所得の計算上，減額されるべき金額が減ってしまう結果となるのだ。

3. 同じ轍は踏まないために

　さて，このような誤りを踏まえての申告作業である。当方の責任ではないにせよ，前項のとおり，以前，税務署を甘く見て失敗した経験（第2章02）を今度こそ生かさねばならない。果たして，当時の税務署はこの誤りに気付いていたのか，そして，その誤りを是正した上で引継ぎ価額を記録してあるのだろうか。

　顧客の委任状を携えて，税務署に引継ぎ価額の確認に向かった。そして意外な事実が判明したのだ。なんと，税務署にはその誤りを是正した上で，適正な引継ぎ価額が記載されていたのだ。

今となっては更正の請求ができる期限は、既に徒過してしまっている。しかし、この誤りのために過大な納税が行われてしまったのだ。税務署も気が付かなかったのならいざ知らず、わかっていて引継ぎ価額まで訂正しておきながら放置したのだ。

無論、誤った計算をした納税者というか、税理士の責任といえば責任だ。しかし、これを放置した税務署にも責任の一端はあるような気がしてならない。税額が過少な場合のみならず、過大な場合にも適正額に是正することこそが、本来あるべき税務行政の姿であると筆者は思うのだが…。

4．申告の処理方法

従前の誤った申告はともかく、税務署での閲覧によって真実とその実態は解明できた。もし、この確認を怠っていれば、引継ぎ価額は低額なままであり、二重に不当な税負担を顧客にさせることになってしまっていた。

その意味では、この引継ぎ価額の確認は、税理士として当たり前といえば当たり前ではある。結局のところ、税理士の業務の内、特に資産税の業務については、基礎的な事柄を確実に確認しながら進めていくより他に方法はないのだろう。

今回のケースでは、二重に誤りを犯すことは避けられた。結果として、納税額の負担はかなり減少したのだ。しかし、残念なことに、この手の事柄を顧客に本当に意味で理解させ、税理士の役割の大きさを知ってもらうことは、なかなか難しいのが現実ではある。税法はとにもかくにも、税理士にとっても難解である。

㉜
税額を過大申告していた場合、減額をしてもらうために納税者が行う手続で、法定申告期限から5年以内に行う必要がある。ただし、平成23年12月2日より前に法定申告期限が到来する国税については法定申告期限から1年以内に行う必要がある。

㉝
申告書等の閲覧については、法令等により定められたものではないが、「財務省設置法」（平成11年法律第95号）19条に規定された国税庁の任務である「内国税の適正かつ公平な賦課及び徴収の実現、酒類業の健全な発達」に資するため、行政サービスとして実施するもの。

第2章 財産評価・特例に関する失敗・トラブル

3 面

2 譲渡（売却）された土地・建物の購入（建築）代金などについて記載してください。

(1) 譲渡（売却）された土地・建物は、どなたから、いつ、いくらで購入（建築）されましたか。

購入建築	価額の内訳	購入（建築）先・支払先 住所（所在地）	氏名（名称）	購入建築年月日	購入・建築代金又は譲渡価額の5%
土　地		相続取得		・　・	6,235,000 円
				・　・	円
				・　・	円
				小　計　(イ)	6,235,000 円
建　物				・　・	円
				・　・	円
				・　・	円
建物の構造	□木造 □木骨モルタル □(鉄骨)鉄筋 □金属造 □その他			小　計　(ロ)	円

※ 土地や建物の取得の際に支払った仲介手数料や非業務用資産に係る登記費用などが含まれます。

(2) 建物の償却費相当額を計算します。

建物の購入・建築価額(ロ) □標準	償却率	経過年数	償却費相当額(ハ)
円 × 0.9 ×		＝	円

(3) 取得費を計算します。

② 取得費	(イ)＋(ロ)－(ハ) 円 (相続税) 37,404,503 **6,235,000**

※ 「譲渡所得の申告のしかた（記載例）」を参照してください。なお、建物の標準的な建築価額による建物の取得価額の計算をしたものは、「□標準」に☑してください。
※ 非業務用建物（居住用）の(ハ)の額は、(ロ)の価額の95%を限度とします（償却率は1面をご覧ください）。

3 譲渡（売却）するために支払った費用について記載してください。

費用の種類	支払先 住所（所在地）	氏名（名称）	支払年月日	支払金額
仲介手数料			・　・	円
収入印紙代			・　・	円
			・　・	円
			・　・	円
			・　・	円

※ 修繕費、固定資産税などは譲渡費用にはなりません。

③ 譲渡費用

4 譲渡所得金額の計算をします。

区分	特例適用条文	A 収入金額 (①)	B 必要経費 (②＋③)	C 差引金額 (A－B)	D 特別控除額	E 譲渡所得金額 (C－D)
短期・長期	所・措・震 条の	円	円	円	円	円
短期・長期	所・措・震 条の	円	円	円	円	円
短期・長期	所・措・震 条の	円	円	円	円	円

※ ここで計算した内容（交換・買換え（代替）の特例の適用を受ける場合は、4面「6」で計算した内容）を「申告書第三表（分離課税用）」に転記します。
※ 租税特別措置法第37条の9の5の特例の適用を受ける場合は、「平成21年及び平成22年に土地等の先行取得をした場合の譲渡所得の課税の特例に関する計算明細書」を併せて作成する必要があります。

整理欄

－ 60 －

03 事業用資産の買換えの計算に取得費加算が加わると…

4 面

「交換・買換え（代替）の特例の適用を受ける場合の譲渡所得の計算」
この面（4面）は、交換・買換え（代替）の特例の適用を受ける場合にのみ記載します。

5 交換・買換（代替）資産として取得された（される）資産について記載してください。

物件の所在地	種類	面積	用途	契約(予定)年月日	取得(予定)年月日	使用開始(予定)年月日
		㎡		・・	・・	・・
		㎡		・・	・・	・・

※ 「種類」欄は、宅地・田・畑・建物などと、「用途」欄は、貸付用・居住用・事務所などと記載してください。

取得された（される）資産の購入代金など(取得価額)について記載してください。

費用の内容	支払先住所（所在地）及び氏名（名称）	支払年月日	支払金額
土　　地		・・	円
		・・	円
		・・	円
建　　物		・・	円
		・・	円
		・・	円
④ 買換(代替)資産・交換取得資産の取得価額の合計額			円

※ 買換(代替)資産の取得の際に支払った仲介手数料や非業務用資産に係る登記費用などが含まれます。
※ 買換(代替)資産をこれから取得される見込みのときは、「買換(代替)資産の明細書」（国税庁ホームページ【www.nta.go.jp】からダウンロードできます。なお、税務署にも用意してあります。）を提出し、その見込額を記載してください。

6 譲渡所得金額の計算をします。

「2面」・「3面」で計算した「①譲渡価額」、「②取得費」、「③譲渡費用」と上記「5」で計算した「④買換(代替)資産・交換取得資産の取得価額の合計額」により、譲渡所得金額の計算をします。

(1) (2)以外の交換・買換え(代替)の場合［交換(所法58)・収用代替(措法33)・居住用買換(措法36の2)・震災買換(震法12)など］

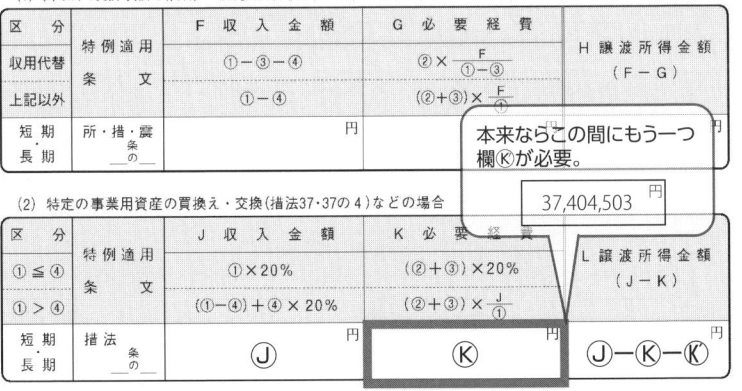

区　分	特例適用条文	F 収入金額	G 必要経費	H 譲渡所得金額 (F－G)
収用代替		①－③－④	② × $\frac{F}{①-③}$	
上記以外	所・措・震 条の___	①－④	(②+③) × $\frac{F}{①}$	
短期 長期		円		

本来ならこの間にもう一つ欄Ⓚが必要。

37,404,503 円

(2) 特定の事業用資産の買換え・交換(措法37・37の4)などの場合

区　分	特例適用条文	J 収入金額	K 必要経費	L 譲渡所得金額 (J－K)
①≦④	措法 条の___	①×20%	(②+③)×20%	
①＞④		(①－④)+④×20%	(②+③) × $\frac{1}{①}$	
短期 長期		Ⓙ 円	Ⓚ 円	Ⓙ－Ⓚ－Ⓚ 円

－ 61 －

04 小規模宅地の特例の申請期限を徒過し，適用できなくなってしまった事例

introduction

　相続税において，小規模宅地等の評価減の特例は，適用ができるか否かで金額的にも大きく相違する。しかし，適用を受けるためには，その土地についての分割協議が整っていることが前提となっている。

　未分割の場合でも基本的には相続税の申告期限から3年以内なら，更正の請求等で適用ができることにはなっている。ただし，その場合には，分割ができる日の翌日から4カ月以内という条件が必要である。

　実は，ある事案において，財産の一部であるが，この特例の適用を受ける土地についてだけ，申告期限後に分割ができたことを知らされていた。しかし，それにもかかわらず，それを放置してしまったのだ。その結果，期限である4カ月を徒過。その後，全ての財産についての分割時にそれが発覚したというお粗末な事例である。

　この事例の場合，小規模宅地の特例は別として，分割ができたため配偶者の税額軽減は適用できることになった。最終的には当初申告と比較して全ての相続人の負担が軽減されるため，全員について更正の請求をした。しかも，「小規模宅地の特例まで適用して」である。

　結果はともかくとして，未分割の場合，当初申告ではこの特例によっては適用できないが，後日適用のチャンスが与えられるものもある。

　申告を終えた後も継続的にアフターケアーを忘れずにいることの難しさを痛感した失敗事例である。

04　小規模宅地の特例の申請期限を徒過し，適用できなくなってしまった事例

1．未分割での申告後の小規模宅地特例の適用

　未分割での相続税の申告には，言うまでもなく小規模宅地の評価減の特例の適用はない。ただし，『申告期限後3年以内の分割見込書』を申告書に添付すれば，3年以内に分割できた場合，その時点で更正の請求によりこの特例を適用することは可能である。その場合には，分割がされた日の翌日から4カ月以内に更正の請求の手続をすることが要求される。

　さらに，3年以内に分割ができない場合でも，次の手続により適用のチャンスは残されている。それは，その3年を経過する日の翌日から2カ月以内に，分割ができないことについて，やむを得ない事情の詳細を記載した承認申請書を提出し，税務署長の承認を受けた場合である。

　これは，小規模宅地の評価減の特例のみならず，<u>配偶者に対する税額軽減の特例</u>㉞についても同様である。相続においては，財産の分割をめぐり必ずしも迅速に協議が整うケースばかりではない。ただ，そのことが理由で特例を適用できないと，税負担額が相当増大するため，分割ができた場合には当初に遡って軽減しようという制度なのである。

㉞ 相続財産の課税価格に配偶者の法定相続分を乗じた金額と，1億6,000万円までのいずれか多い方の金額までの相続であれば，配偶者に相続税は課税されない特例。

2．事案の概要

　登場人物は次頁図のとおりで，被相続人の先妻との間に長女，次女，三女，そして驚くべき事実として相続開始の僅か1年前からの後妻である。被相続人が70歳の時に再婚しているが，長女らの話では，この後妻は明らかに財産目当ての結婚であったそうである。被相続人の体調がすぐれないことを知っていながらの結婚だったという。

第2章　財産評価・特例に関する失敗・トラブル

相続人関係図

先妻＝被相続人＝後妻

長女　次女　三女

㉟遺産の分割について話合いがつかない場合，家庭裁判所の遺産分割の調停又は審判の手続を利用できる。調停手続を利用する場合，相続人のうちの1人若しくは何人かが他の相続人全員を相手方として申し立てることになる。調停手続では，当事者双方から事情を聴き，必要に応じて資料等を提出してもらい，遺産について鑑定を行う。その上で，各当事者がそれぞれどのような分割方法を希望しているか意向を聴取し，解決案を提示，又は解決のために必要な助言をし，合意を目指し話合いが進められる。なお，話合いが不調になった場合には，自動的に審判手続が開始され，裁判官が，遺産に属する物又は権利の種類及び性質その他一切の事情を考慮して，審判をすることになる。

㊱小規模宅地の評価減の特例の内，自宅敷地についての80％引きの評価が適用できるもの。①配偶者②同居の親族，又は，その双方がいない場合はいわゆる"家なき子"が相続した場合で一定の要件を満たした場合に認められている。

その何よりの証拠に，相続が起こると葬儀後の手続もそこそこに，1周忌も待たずに実家のある北海道に戻ってしまったそうである。長女らの話によれば，後妻にとって東京での生活は，あくまで仮の姿，亡くなるまでのひと時だけであったということである。

それはともかく，財産構成は自宅である都内のマンション，軽井沢の別荘，ゴルフ会員権，現預金であった。依頼者は先妻の長女，次女，三女の3人である。遺言も何もなく，弁護士を通じて財産分けを係争中とのことであった。

申告業務の依頼を受けた時点で，相続税の申告期限までには時間もなく，未分割で当座の申告書を提出し，後日改めて分割が決まった時点で，申告のやり直しの手続をすることを説明した。

その後，分割協議の最終的な決着までは1年半を要し，家庭裁判所での調停㉟という形で，金額的にはほぼ法定相続分どおりの分割となったようだ。

この調停をもって未分割の状態が解消されたため，更正の請求の手続を始めたのだが，驚愕の事実が判明したのだ。小規模宅地の評価減の特例は，都内の自宅マンションの敷地で特定居住用宅地㊱として適用することになる。登記簿謄本を取り寄せ

― 64 ―

たところ，実は，相続開始直後に法定相続割合の状態で，既に売却済みなのだ。

　後妻は実家のある北海道に帰るため，自宅マンションをできる限り早く処分したいと考えていたようである。全ての財産の分割協議が整うのは時間がかかるため，とりあえずこのマンションを法定相続分で共有にし，すぐに売却したようだ。先妻の3人の子が最初に相談にお見えになってから，まだ間もない時期であったが，当事務所の当時の担当者は，確かに先妻の子らから報告を受けていたようである。その記録も残ってはいたが，その担当者はその後当事務所を退職。お恥ずかしい話であるが，十分な引継ぎがなされていなかったのが全ての原因である。

　とにかく，そのような事情であれば，売却時点から4カ月以内に，この特例を受けるための手続をしなければならなかったのだが，時既に遅しで，その期限はとっくに徒過してしまっている。

　法律論としては，もうこの特例の適用はできない。もはやこの期に及んで，何の救済策も残されてはいないのだ。このような状況ではあるが，どちらにしても，申告のやり直しは必須の作業ではある。未分割の場合の大きなリスクを抱え，事務所としてのこの失策にどう対応したかをご紹介しよう。

3．更正の請求という手段もあるが…

　顧客には正直に当方のミスを説明するしかない。税額として，小規模宅地の評価減の特例の適否で約810万円が相違する計算である。この適用が当方のミスで適用できなくなってしまったことを，面談の初めに説明し陳謝した。

第2章 財産評価・特例に関する失敗・トラブル

　その後の手続については，考えられる方法として二つの選択肢があることを説明した。一つは税務署に対しては，小規模宅地の評価減の特例を適用した内容で，更正の請求書を提出する方法である。もちろん，本来は期限を徒過はしているので，その適用がないのは承知の上だ。ただ，期限を徒過していること自体は，登記簿謄本を見ても，また調停調書を見ても，すぐには気付かれにくい。したがって，認められる可能性は非常に高いことをお話した。

　しかし，仮にこの方法で更正の請求が認められても，税理士としては誤りを知っていながら実行する訳で，良心の呵責にさいなまされる。また，後日の調査で判明すれば，税理士としての責任を問われることにもなる。

　もう一つの方法としては，『嘆願書』の提出である。現在とは異なり，当時は法律論はともかく，実務の中では時折りなされていたので，それを活用する方法である。

　ただ，この方法では状況を勘案する税務署が，事情やむなしと判断して認めてくれた場合だけで，上手くいく可能性は極めて低い。不服審判所で争った場合には，認められていないことは裁決事例からも明らかであったからだ。

　結局，税理士としての立場も考えて，更正の請求を行うが，この部分については，一種嘆願書的な性格を持った書類として提出した。そして，もしそれが認められない場合には，認められた場合との差額分810万円を当方が負担するということでご理解を頂いた。

　この場合，関係者間で調停が整っているので，申告書に添付すべき書類としては，㊲調停調書と㊳分割協議書がある。これだけを見ると自宅マンションの分割についても，調停の段階で話合いがついたようにしか記載がないのだ。

㊲
調停調書とは，民事調停で当事者が合意した場合に作成される合意文書のこと。この調停調書の長所は，その効果が判決や公正証書と同じで，そこに記載されている金銭的な取決めを守らなかった場合には，強制執行手続を取ることができる特別な書類だということである。

㊳
個々の財産を各相続人に分配し取得させる手続を，遺産分割といい，その協議を行うことを分割協議という。なお，その結果を書面にして，相続人全員が署名押印したものが遺産分割協議書となる。

− 66 −

04　小規模宅地の特例の申請期限を徒過し，適用できなくなってしまった事例

　マンションは相続直後に売却しているが，この時の処理としては，必ずしもこのマンションについての分割協議書が必要でなかったためである。というのは，未分割財産の一部についての合意が得られた場合，それを売却するためには二つの方法が考えられる。
　一つは分割協議書を作成せず，法定相続割合で売却するケースで，共有者全員の署名・押印で売買契約書は適法なものとなり，登記までできるのである。つまり，このケースでは妻2分の1，長女と次女，三女がそれぞれ6分の1の割合である。法定相続人が法定相続分どおりの割合で売却するわけで，登記簿謄本にも，その割合が記載され，法定相続割合で売却した旨が搭載される。
　もっと言えば，登記簿謄本だけ見ても，法定相続割合で分割協議をしたのか，分割協議をせず，単純に売却のために法定相続割合で売却したのかは，判別がつかない。
　もう一つの方法は，言うまでもなく財産分けが決まった物件だけの，<u>一部分割協議書を作成し，それを基に登記を行う方法</u>[39]である。
　売却当時，このマンションについては分割協議書を作成せず，上記の二つの方法の内，前者のやり方で手続を進めたようである。そのため，今回の調停調書には，改めてこのマンションについての記載もなされ，各人が「1／2」，「1／6」，「1／6」，「1／6」で分割した記載がなされている。
　つまり，相続税の申告にあたっては，これら一連の事柄が，調停調書からは浮かび上がってこないことになるのだ。
　さらに，マンション売却当時の申告書は，それぞれの相続人の住所地の税務署に提出され，相続税の申告書は被相続人の最後の住所地の税務署に提出されている。これ以上は触れないが，

[39] 分割協議を行う上で，全ての財産についての合意は得られなくても，部分的に一部の財産についての分割協議が整った場合に作成する分割協議書。

譲渡税の申告と相続税の申告は異なる別々の税務署に提出ということになる。

4．届いた更正通知

それから暫くの後，更正通知が届いた。当方のお願いがそのままの形で通ったのだ。実質的には未分割のままの譲渡であったことと，結果として何ら変わらないと理解してくれたのかも知れない。ただ，税務署側に立って考えれば，分割協議が整ったから所定の手続をとっただけ，小規模宅地の特例を認めるかどうかは，要件に適合しているかどうかだけの話である。

したがって，これだけで喜んではいけないのだ。この段階では，書類の上では分割ができたので，未分割の状態ではなくなり，それが税額にも影響を及ぼしただけのこと。相続税の申告にあたり，全ての財産の計上が適正に行われ，計上漏れ等があるかどうかは税務調査を経て初めて明らかになるものだからである。

言ってみれば，とりあえずの処理である。更正通知書が来たから，もう今後の税務調査がないとはいえない。それを顧客にも伝えたが，あれから何年経過したことか，相続税についての時効も完成し，当方の心配の種は消滅した。

㊵ 更正処分の結果である課税価格や税額が記された書面。

5．小規模宅地の特例の改正

この事案の場合，幸運だったのはやや古い話になるが，小規模宅地の減額の特例が改正前で，現在のものとは異なっていたことである。当時の規定では，特例の適用要件を満たす相続人が僅か1％でも相続すれば，その敷地全体に対して80％引き

になったのである。現在の規定でこれを考えた場合，配偶者の実際の相続分，つまり敷地全体の2分の1の部分についてだけしか適用がないことになる。その結果，評価額として減額される金額も2分の1となり，税額的に還付される金額も少ないことになってしまう。

　この事案の場合は全てが上手くいったので，結果オーライであるが，もし嘆願が通らなかった場合には，逆に当方の負担は現在の規定よりも大きいものとなっていたのである。

6．未分割の場合はアフターケアを徹底！

　この事案を通じていえることは，未分割の場合の恐ろしさである。人間誰しも，その時には相応の注意を払うものである。しかし，時の経過と共に，昔の事象についての記憶が薄れてしまうのは避けがたい。

　例えば，申告時点では未分割であったため，『申告期限後3年以内の分割見込書』を提出し，小規模宅地の評価減も，さらには配偶者の税額軽減制度も適用をしなかったとしよう。次に注意すべきは，その3年を経過する日の翌日から2カ月以内に，分割ができないことについて，やむを得ない事情の詳細を記載した承認申請書を提出し，税務署長の承認を受けなければならないことである。

　筆者はその経験がないので断言はできない。しかし，規定の上ではこれを提出せず，したがって税務署長の承認を得ないまま2カ月以上経過してしまったら，仮に3年半後に分割ができても，いずれの特例の適用も受けられないことになってしまうのだ。

　これは税理士の責任といわれても仕方がない。少なくとも

㊶「遺産が未分割であることについてやむを得ない事由がある旨の承認申請書」に係る税務署長の承認。

第2章　財産評価・特例に関する失敗・トラブル

㊷
行為者が属する職業や社会的地位等に応じて，通常期待される注意義務のこと。民事上の過失責任の前提となる注意義務の程度を示す概念で，善良なる管理者に期待される注意義務であることから，一般に『善管注意義務』といわれている。

　善管注意義務違反には該当することになるだろう。昨今は，税理士や弁護士等のいわゆる士業（プロ）に対しての裁判所の見る目は非常に厳しいものがある。

　顧問先など日常，頻繁に顔を合わせる間柄であれば，その心配も少ないかも知れない。しかし，相続税の申告業務だけを単独で受注したような場合，未分割の状態でとりあえずの申告が終了してしまえば，一安心してしまうのが税理士というものなのではないだろうか。

　当事務所でも，上記の失敗があって以来，未分割の相続税においては，全く別管理として，要注意棚を用意して臨んでいる。

　なお，余談であるが，相続の案件を数多くお手伝いをしていると，この事案のように一人暮らしの寂しさから後添えを迎えるケースは結構多い。中には今回のように，明らかな財産目当てであるものも散見される。とりわけ男性にとっては，死別であれ離別であれ，一人暮らしは辛いものであるようだ。

　反対に女性の場合，配偶者と別れ，相続後しばらく時間が経過すると，かえって生き生きとした生活をなさっている方も多いような気もする。

　男性の場合は財産を残すと，相続問題に直接影響するため，拙い経験からあえて申し上げれば，入籍については慎重に判断された方がよいのではないだろうか。

05 相続税と法人税で違う借地権の考え方

> **introduction**
>
> 　色々な依頼者から相談を受けるが，税理士として決してウソは言えない。初めての依頼者だったが，真実の税法の考え方をご説明したら，何とも言えない驚愕の声をあげられたのを今でも忘れられない。
> 　顧問税理士の指導の下，何年もかかってやってきた相続税対策が，全く対策になっていなかったのだ。
> 　依頼者としては自分に税法の知識がないからこそ，費用を負担してまで税理士に相談し，実行してきたのだ。同じ税理士として，間違えやすい事柄なのかも知れないが，つくづく責任の重さを考えさせられる事案であった。

1．底地と借地権の評価上の関係

　相続税において土地の評価をする場合，基本となるのは 自用地である 更地の評価額である。言うまでもなく，そこから底地の評価，借地権の評価，貸家建付地，貸家建付借地権等々とその態様によって評価の減額を行っている。

　ここで問題を底地と借地権に限って考えてみよう。更地を10とした時に借地権割合が６割なら底地は４割，借地権割合が７割なら底地は３割というように，常に両者を足して10割と考えるのが相続の評価方法である。

　土地を所有する個人の相続税対策として，同族会社に土地を賃貸して建物を建築させ，結果的に借地権をその同族会社に帰属させることが考えられる。ただ，新規に借地権を設定させることは，後述するように，資金的にも税務的にも問題のあることが多く，例外的な状況を除き難しい。

㊸ 他人の権利が全く及ばない土地のことで，自らの意思だけで使用，収益，処分が可能な土地のこと。

㊹ 自用地としての評価額で，建物が建っていない状態の土地の評価額。

しかし，何年も前から税務上も賃貸借といえるレベルで土地を賃貸していれば，既にその同族会社に借地権有りと判断されるだろう。

この様な状況であれば，相続時には個人の財産は底地となり，更地に比較して相当程度有利な評価となる。もっとも，その同族会社の株式を同じ個人が持っている場合，借地権部分が株価に反映されるため，それなりの株価評価となって相続財産を構成することになってしまうが。

2．事案の概要

A氏は所有する土地を，自らが経営する法人にゴルフ練習場として賃貸していた。昭和60年代から継続されてきたものの，昨今は客足の減少で経営状態も決して芳しいといえる状況ではなかった。

設立以来，固定資産税年額の概ね2倍程度の地代を地主であるA氏に支払ってきたが，資金繰りの悪化からそれも滞るようになってきていた。

そこで，顧問税理士に地代を 固定資産税相当額程度 にまで引き下げ，収支の改善を図ろうと打診してみたのだ。A氏は地代の引き下げなど簡単なことだと思っていたようだ。

しかし，顧問税理士によると，固定資産税相当額程度の地代では，税務上は土地の賃貸借とはならず，使用貸借としてみなされる恐れがあるとの指導を受けた。民法上は賃料を徴収せず，無償で土地を使用させることが使用貸借となるが，税務上の使用貸借の概念はもう少し広い。固定資産税程度の賃料では，いわゆる賃貸借とは認められず，そうなると法人の借地権自体が主張できない状態になってしまうという説明を受けた。

㊺ 厳密には固定資産税及び都市計画税の合計の年税額相当額。

05 相続税と法人税で違う借地権の考え方

　A氏としては，当初から法人に借地権があれば，相続時には広大なゴルフ練習場敷地が底地だけの評価になるとの指導を受けてきた。だからこそ，長年，不動産所得として所得税負担が増大する地代の収受も甘受してきたという思いがある。それが地代の引き下げで，今度は相続税にまで影響するのでは，法人経営が多少苦しくても，地代の引き下げは断念せざるを得ない。

　他に何か良い方法はないかとの思いから，当事務所に相談にみえたのである。

3．借地借家法と相続税法上の借地権

　A氏の話を伺って，開口一番申し上げたのは，A氏の期待を大きく裏切る事柄であった。いくら長年にわたって地代を支払続けてきたとしても，ゴルフ練習場敷地を底地として評価することはできないと伝えたのである。

　それは法人に借地権がないということを意味するのだろうか。確かに決算書には借地権としての計上はない。これはゴルフ練習場の開設にあたり，土地の賃貸借を開始した時点で，権利金の授受が行われていないためである。㊻

　ただ，ここで注意しなければならないのは，ひと口に借地権といっても，実は税法を含むそれぞれの法律により，その範囲が異なることである。まず，借地借家法㊼においては，借地権とは『建物の所有を目的とする地上権又は土地の賃借権をいう。』とされている。

　その意味では，クラブハウスという建物もあるゴルフ練習場は，一見すると借地権ありといえそうな気もする。しかし，ここで"建物の所有を目的とする"とは土地の賃借の主たる目的がその土地上に建物所有することにある場合をいう。

㊻借地権を設定する場合のその対価として，権利金の名目で金銭の授受をすること。

㊼立法趣旨は，土地や建物の賃貸借契約における借主の保護。多くの賃貸借契約においては，貸主と借主との力関係には差がある。そのため，弱い立場にあるとされている借主の保護を図ったもので，民法の特別法としての位置付けをもつ。これは旧法から引き継いだ考え方で，本法によって初めて取り入れられたものではない。

なお，この法律の成立により，建物保護ニ関スル法律・借地法・借家法は廃止されている。同時に，不動産の賃貸借契約における賃借人を保護する目的で制定され3法を統合したものが借地借家法である。しかし，本法の施行後もそれらの法律が意味を失ったわけではない。借地借家法が借主にとって不利益を及ぼさないよう，一部の事項については旧借地法・旧借家法が適用され，施行後に更新された場合も旧借地法・旧借家法が適用される。

－ 73 －

第2章　財産評価・特例に関する失敗・トラブル

したがって，ゴルフ練習場のように，その主たる目的が建物所有以外にある場合には，十分な検討が必要だ。仮に借地にクラブハウスのような付随的な築造物があっても，高いフェンスに囲まれていても，土地の大半には人工芝が植えられているだけである。ゴルフ練習場敷地全体で考えた場合，芝生部分が主で，クラブハウスは従の関係である。そのため，借地借家法上直ちには借地権ありとは判断されないのだ。

これに対し相続税法では，借地権に係る直接的な定義はなされていない。ただ，後述する二つの規定から，借地借家法の普通借地権㊽と旧借地法の借地権㊾をいうものと考えられている。つまり，建物以外の構築物の所有を目的とする地上権や賃借権は，借地権には該当しないということになるのだ。

二つの規定とは，まずは相続税法23条で，地上権を借地借家法に規定する借地権から除外していることが一つ。二つ目は，財産評価基本通達の規定である。その評価通達9⑸で借地権の評価を定めているが，定期借地権㊿等を除いていることがその論拠であるためだ。

そうすると，ゴルフ練習場においては，借地借家法上の普通借地権及び旧借地法における借地権には該当せず，相続時には借地権が存在しないため，底地評価は行えないことになってしまうのだ。

4．法人税法上の借地権

ここで問題になるのが，法人税法の考え方だ。法人税法においては，これら借地借家法や相続税法とは大きく異なっているためである。

法人税法施行令137条の冒頭で，借地権とは『地上権又は土

㊽ 定期借地権以外の借地権のこと。

㊾ 現行の借地借家法との相違点は大きく4点で，①建物が堅固か否かで借地権の存続期間が異なること②借地契約更新後の借地権の存続期間も建物が堅固か否かで異なること③建物が朽廃した場合の取扱いが，借地期間の定めがなければ，消滅すること④地主が更新を拒否した場合，正当事由の立証を地主に求めることができ，それをめぐっては借地人に有利になっていたこと等が特徴として挙げられる。

㊿ 借地借家法で新たに定められた借地権で，当初より借地期間が契約により明確に定められ，"更新"という制度のない借地契約のこと。

地の賃借権をいう』となっているためだ。地上権や賃借権の設定目的については特段の規定がないため，その範囲は相当に広いものと考えられる。

つまり，借地借家法や相続税法では借地権に該当しないものまで，法人税法上は借地権に該当することになる訳だ。

前述のとおり，借地契約開始時に権利金の授受がないため，帳簿上に借地権の計上はなされていない。しかし，法人税法上はこのケース，間違いなく借地権はありということになるであろう。

ここで借地契約開始時に権利金の授受がなかったといったが，そのこと自体に問題はないのだろうか。

5．借地権に係る権利金の認定課税

法人が絡んだ場合，借地権に関しては課税関係が複雑になっている。そのため，ここで簡単に確認と復習をしておきたい。

法人が個人の土地上に建物を建てる場合，権利金授受の慣行のある場合・地域においては，法人は権利金を支払わなければならない。ただ，同族関係者間においては，資金負担等を理由にこれが行われないことも考えられる。税務上，(51)借地権利金の価額は，更地価額に借地権割合を乗じた額なので，相応の金額になってしまうためである。

法人が権利金を支払わない場合，本来支払うべき金員を支払わずに済んでしまう結果となる訳で，結果的には受贈益が生じることになる。この受贈益として課税されるのが，借地権利金に係るいわゆる(52)権利金の認定課税である。

さて，この認定課税を避ける方法は二つある。一つは相当の地代を支払う方法，もう一つは『土地の無償返還に関する届出

(51)
借地権を設定した場合，設定の対価として権利金相当額の授受が行われるが，その時の価額。

(52)
借地権を設定した借地人が権利金を支払うことをしない場合，本来支払うべき権利金を支払わずに済んだ訳で，その支払額相当分の得をしたことになる。法人税法的に考えれば，相応分の金銭を収受したことと経済的には同じであるため，"受贈益"の認定を行うことになる。これを権利金の認定課税という。

書』を，土地の所有者である地主と，借地人である法人とが連名で提出する方法である。

バブル華やかなりし頃は相当の地代方式も相続税対策になった。しかし，今や当時のような異常な地価の値上がりは見込めないだろう。したがって，ここでは後者の『土地の無償返還に関する届出書』方式だけに触れておきたい。

これは，法人に借地権の存在は認めるものの，将来法人はその経済的価値を地主である個人に主張することなく，無償で返還することを約する書面である。この書面が提出されている土地については，相続時には常に自用地の80％相当で評価される。つまり，借地権割合とは全く無関係に8割評価になる訳である。

さらに興味深いのは，借地契約開始時にこの届出書を提出せず，仮に法人税調査の過程でその旨を指摘されても，実務的には認定課税は行わないことが多いということである。具体的にいつまでに提出しなければならないという規定はなく，"遅滞なく"提出すればよいからである。

㊳ 権利金の認定課税を避けるための方式で，この届出書を提出するにあたり，契約書の写しの他，土地の形状や価額等を示す資料を参考資料として添付する。

㊴ 明確な期限は規定されていない。

6．解決策とA氏の対応

A氏に対し上記の説明を縷々したところ，冒頭のように驚愕の声をあげたのである。というより，初めは信じてもらうことさえできなかった。何しろ何十年かけてやってきた相続税対策である。ゴルフ練習場の経営も苦しい中で，借地権のために今まで継続してがんばってきたのだ。ただ，この話を聞いて，一気に経営継続のお気持ちが萎えてしまったようである。

しかし，物事は考え方一つで，こんな提案をした。相続を待って評価で得をしようと思うから期待どおりにならないので

あって，法人税法上の借地権があることを利用する考え方だ。具体的には，今の時点で練習場を廃業し，土地を売却することである。個人と法人で売却代金の配分の仕方はあるにせよ，土地価額の大半を占める借地権部分は法人のもの。経営不振のおかげで累積赤字は相当額あり，売却益との通算も可能である。㊺余剰があれば，税負担の少ない退職金だって考えられる。

　一方，個人は底地部分に長期譲渡所得の20％の課税で済む。税引き後の余剰資金について，現時点で解ったことだけでも今後の対応策として色々な対応策が考えられるのではないだろうか。

㊺ 借地権部分の売却で法人には多額の売却益が生じるが，それを補って余りある繰越欠損金との相殺。

06 普通預金は増差の宝庫

introduction

　相続税の申告書を税務署に提出すると，初めに税務署が行うこと，それは預金や有価証券等についての照会である。それも，被相続人のみならず，相続人等必要と認められる関係者までがその対象となる。預貯金や有価証券の取引記録や残高等を，金融機関，証券会社等に照会するのだ。

　その照会文書の回答から，預貯金等の不審な動き，名義預金の可能性，申告漏れ財産の疑念が生まれ，調査に選定されることにもつながる。

　そのため，相続税の申告書の作成にあたっては，事前にでき得る限り普通預金等について，過去の通帳の提出を顧客に求めることが肝要である。

　通帳等の紛失や処分がされている場合，可能であれば金融機関にもう一度復元の作業を依頼し，税務署と同じ確認作業をすることが必要である。

　普通預金の動きを見れば，様々な事実が浮かび上がってくる。これは，申告書作成の過程で大きな金額の動きを確認したにもかかわらず，確認不足と詰めの甘さから後日の税務調査で指摘された事案の紹介である。

1．普通預金等の照会

　金融機関等への照会を行うと，税務署は居ながらにして様々な事実が確認できる。例えば，被相続人の普通預金からの出金が，同日付で配偶者の定期預金の作成と結び付けば，この配偶者名義の定期預金はいわゆる <u>名義預金</u>(56)と税務署は考えるだろう。

　また，多額の入出金の動きがあれば，調査の時点で必ずその使途や入金に至る経緯を確認されることにもなるだろう。通常はそれを承知の上で被相続人の自宅に臨場し，そこで古い預金

(56) 名義は被相続人以外のものになってはいても，実質的に被相続人の相続財産であると判断される預金のこと。その預金が名義人のものであるか，被相続人のものであるかは，預金が形成されるまでの経緯や過程から判断される。

通帳の提示を求め，それを見ながら質問をしていく展開となる。

しかし，実態として税務署は，既にそれらの預金の動きはあらかじめ把握している。(57)準備調査の段階で確認すべき項目は用意してあり，大抵の場合，あたかも調査時点で初めて預金通帳を見て質問しているフリをしているだけである。

したがって，どうしても現物の通帳の提示がなされない場合や，紛失・破棄されている場合には，調査官の方から具体的な質問がなされる。日付と金額を示され，内容の説明を求められることになる。

このように，普通預金の動きから様々な事実が浮かび上がってくることになる。調査官としては，「普通預金は増差の宝庫」。徹底的に預金の動きには目を光らせるのである。

逆に言えば，申告書を作成する立場の税理士としては，このような誤りを指摘されることがないように，(58)入念な普通預金のチェックが不可欠となる。次にご紹介する事案は，調査の過程で大きな出金の使途を尋ねられ，それが発端になってその財産評価をめぐる争いとなったものである。

(57)
税務署では，相続税のみならず，各種の申告書が提出されると，計算誤りから始まって適用条文の適正性，申告内容のチェックを行う。その上で，既に蓄積された税務署内にある資料と突合し，過去の経緯と比較して調査対象を選定する。選定されると，実際の調査に臨場する以前に，より深くその調査対象者に関する詳細な情報を確認し，調査時において確認すべき事項を抽出する等の作業を行うが，その準備作業のこと。

(58)
税務署が行う普通預金の動きと名義預金との関わり合い等を確認し，相続財産の漏れがないかを確認する作業。

2．事案の概要

相続税申告書の作成にあたり，上述の普通預金のチェックを決して怠ったわけではなかった。しかし，もう一歩突っ込んだ確認をせず，それが調査の過程で問題になった事案である。

被相続人は亡くなる１年半ほど前に，それまで住んでいた自宅に娘夫婦を住まわせ，自身は隣接する土地に自宅を新築した。実は隣接する土地をその半年前に購入したのだが，その時点で娘夫婦と隣同士で住む計画を当初から立てていたのだ。

税務調査の過程で預金通帳の提示を求められた。その中で，

預金の動きから上記の土地購入と自宅新築の確認へと調査が進んだのだ。調査官の要望に応じて，(59)土地購入に係る売買契約書及び自宅新築時の(60)工事請負契約書の提示をした。

金額的にもお金の動きにも何の問題もなかったのだが，庭園工事をめぐり，設備の考え方とその評価が調査の争点となった事案である。

(59)
普通預金の動きから，土地を購入した事実が判明した場合，土地の購入に際して資金源の確認，決済方法等をお金の流れと契約書との突合を行い，不審点等の有無を確認する。

(60)
建物の施主と工事の請負業者が，発（受）注金額，支払方法，納品時期等の条件を明確にするための書面。

３．税務調査の進め方と指摘

前述のとおり，当方も申告書の作成時点で普通預金の動きから，土地の購入に続き自宅の新築の事実は，相続人への聞き取りから把握をしていた。

だが，それで納得してしまったのがいけなかったのかも知れない。調査においては，調査官は疑問点が生じた場合，口頭での回答だけでは決して満足しない。その回答の裏付けとなる(61)書面によるエビデンスが欲しいのだ。

(61)
税務調査にあたっては，全ての事柄をお金の流れと書類から確認する。調査対象者への質問の回答は，通常は口頭ベースだけで終わることはなく，その回答を裏付けるため書面による資料を求められる。

それに加えてお金の動きをチェックし，符合していればそれで納得してくれる。上述のとおり，土地の売買契約書と建物の工事請負契約書の提示により，金額的な面においては確認をしてもらった。

ただ，そこで問題となったのは，総額220万円の庭木，庭石の移設等にかかる別工事の内容だった。この工事の結果，庭園設備ができている筈であるが，申告書にはそれに関する設備の計上が全くなされていない。つまり，財産の計上漏れであるという指摘なのだ。

そこで，次に造園工事の詳細がわかる見積書及び請求書の確認である。その中で税務署が注目したのは『庭園設備』工事の記載だ。

4．庭園設備の考え方

財産評価基本通達92に"庭園設備"についての規定がある。

> 庭園設備（庭木，庭石，あずまや，庭池等をいう）の価額は，その庭園設備の調達価額（課税時期においてその財産をその財産の状況により取得する場合の価額をいう。以下同じ）の100分の70に相当する価額によって評価する。

そのため，工事価額の70％相当額を相続財産とすべきという主張である。確かに請求書には庭園設備一式となってはいるが，通達にあるような庭木や庭石，あずまやの新設はない。従来から庭にある樹木や庭石を移設しただけである。その庭木や庭石も有名な庭園にあるような由緒ある特別なものではなく，一般家庭にある程度のものである。

さらに，通達でいうところの庭園設備は調達価額の70％相当額となっているが，実態としては既存住宅にあった何年も前のもので，調達価額も明らかではない。

また，今回の工事は大半が移設工事であり，新たな取得分はわずかである。例によって最終的にはお話合いの世界となったが，移設工事を除いた40万円の70％相当分だけを資産計上することで調査は終了した。

㊌ 実際に購入した時の価額。

5．この調査から学ぶべき反省点

金額的には多額の修正ではなかったので大事には至らなかった。しかし，このような指摘を受けたのは，前述のとおり普通預金の通帳から，資金の動きとその使途までは確認したものの，詳細を書面で確認していなかったことが原因である。

前述のとおり，税務署の調査官は確認を全て書面で行うのである。したがって，税理士の立場としても，必ず書面の確認は必要であろう。

ただ，基本的な問題であるが，庭園設備の評価にあたっては個人的には甚だ疑問が残る。評価通達でいう庭園設備がどの程度のものを指しているのか定かではないが，少なくとも全ての庭木や庭石を一つ一つ単独で評価しろという趣旨ではないだろう。もし，個別の評価が必要だということなら，実務上は不可能に近い。

代々受け継がれてきた一般家庭の庭木や庭石は，そもそも論として，財産価値などあるのだろうか。あくまでも私見であるが，通常の庭木，庭石等は家庭用動産に含め，一式でいくらという概算で計上してもよいのではないかと考えている。

ただ，これらが(63)家庭用動産かどうかという議論もあるため，例えば『その他家庭用動産等一式』と表記する方法も考えられるだろう。

いずれにしても，通常の実務ではこれらが問題にされることもない。問題となるのは，相続の直前というか，工事から比較的日の浅い時期に相続があった場合である。

その意味では，次の事例におけるような自宅の改築，改装等は金額的にも多額となり，多くの問題を含んでいるだろう。

(63)
相続税の申告においては，非課税とされている以外の財産は，被相続人の全ての財産がその課税対象となる。理屈の上では，テーブルや家庭用の備品等一切合切が含まれる。しかし，現実的な問題として，その一つ一つの価格を相続時点での時価として測定することは不可能である。そのため，それら一切を“家庭用動産”として数十万円程度の金額で見積もり計上する。

07 相続直前の増改築後の家屋の評価

> **introduction**
> 　前項に引き続き相続税における評価でもめた税務調査の事案である。結論からいうと，当方の主張が認められた。その意味では失敗事例どころか，成功事例なのである。
> 　しかし，同種の問題が他でも頻発していたことが推測されるのだ。というのは，今回の事案と類似するケースについて，従来からある見解を国税庁はわざわざ新たにホームページにQ＆Aの形で公表したからである。
> 　その時の調査では，たまたまうまくいったものの，結果として今後は同じ手が使えなくなってしまった事例の紹介である。

1．相続税における建物の評価

　あえて言うまでもなく，相続税においては　建物の評価は固定資産税評価額をもとに行うことになっている。自用家屋であれば固定資産税評価額に1.0を乗じた金額，つまり固定資産税における評価額そのものとなる。また，貸家の場合には，それに借家権割合である0.3を乗じた金額を控除した価額，つまり，固定資産税評価額に0.7を乗じた価額が相続税における評価額になる。

　このように，基本的には相続税においては，評価の仕方は簡単なため，建物の評価が問題となることはあまりない。実は，問題となるのは，増改築を行った場合の建物の評価なのである。それも，相続直前に増改築を行ったにもかかわらず，固定資産税の評価に変動がない場合である。

　考え方としては，増改築が行われたにもかかわらず，評価額

㊽
相続税において，財産の評価は相続時点での"時価"で行うことになっている。建物についてもその時価がどれ程になるかを評価，判定すること。

第2章　財産評価・特例に関する失敗・トラブル

が変わっていないのは，評価額を変更する程の建物の価値が増大していない場合である。それでも，増築となれば，物理的な増加がある訳で，固定資産税課のミスによる<u>課税漏れ</u>が想像される。

改築の場合，問題の根は深い。固定資産税的には評価替えの対象とならず，したがって評価額に変更はない場合であっても，財産価値に着目すると，価値の増加が見込まれる場合である。

固定資産税の評価額さえ変動がなければ，相続税の申告書に何らの財産として計上する必要がないのか，という問題である。もちろん，数年あるいは10年以上も時の経過があれば，特段の問題にはならないであろう。相続まで何年経てていれば問題がないのかは定かではないが，この点に焦点を絞って議論を進めよう。

2．事案の概要

相続税の調査において，被相続人名義の普通預金の提出を求められ，入出金の幾つかについてその内容の質問がなされた。まさしく前項の『普通預金は増差の宝庫』で述べた，税務調査における常套手段である。

その中で，相続開始の半年ほど前に，総額でおよそ1,600万円もの金額が，2回に分けて支払われている点に質問が及んだ。

内容的には自宅の改装工事を行ったもので，①システムキッチン関係が1,200万円②台所の床工事に180万円③居間のフローリングと床暖房工事に200万円という内訳である。

調査の争点は約1,600万円もの大規模の修繕工事を，相続開始の僅か半年ほど前に行っており，それが相続財産として何らの計上もなされていないことが指摘されたことである。

⑥5 増築された場合，増築された部分は物理的に建物が増えていることになる。したがって，固定資産税の課税対象財産が増加しているため，固定資産税の評価額が増大しなければならない。その固定資産税の評価額が増加していないということは，課税を失念していたことになる。

07 相続直前の増改築後の家屋の評価

　時系列に関連事項を補足しておくと，下図のとおりとなっている。

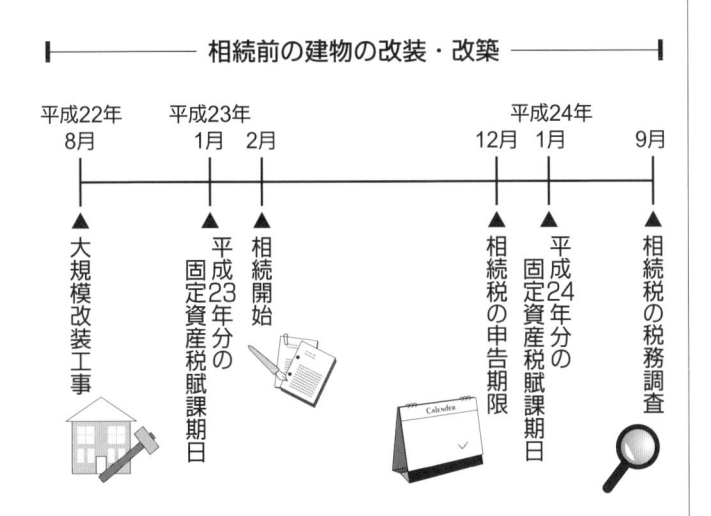

```
|――――― 相続前の建物の改装・改築 ―――――|

平成22年   平成23年              平成24年
 8月      1月  2月             12月  1月    9月
  ▲       ▲   ▲               ▲    ▲     ▲
 大      平   相              相   平    相
 規      成   続              続   成    続
 模      23   開              税   24    税
 改      年   始              の   年    の
 装      分                   申   分    税
 工      の                   告   の    務
 事      固                   期   固    調
         定                   限   定    査
         資                       資
         産                       産
         税                       税
         賦                       賦
         課                       課
         期                       期
         日                       日
```

　固定資産税は，毎年1月1日現在の所有者に同日の現況で課税することになっている。大規模改装工事は前年の8月であるから，理論的には平成23年にはそれを踏まえて評価が行われたことになる。翌年の固定資産税もほぼ同額の評価。それを踏まえて同年9月に相続税の調査，というのが時系列的な流れである。

3．税務署の主張

　税務署の主張はいかにもわかりやすい。相続開始の僅か半年前に1,600万円もかけて改装工事を行っている。当然のこととして財産価値は上がっている筈だというものだ。とりわけシステムキッチンは，当初なぜこれだけの費用が掛かるのか，それも疑問の一つだったようだ。

ただ，筆者に言わせればこれは彼らの勉強不足，というよりこんなことをいったら失礼ではあるが，富裕層と公務員との生活レベルの差であろう。特にフランス製，イタリア製のシステムキッチンはデザイン的にも一日の長があり，国産のものとはかなりその趣を異にする。

　筆者も十数年前に自宅を建て直した際，数社のショールームを比較検討のため見学し，垂涎の的だったのを覚えている。お金を掛けようとすれば，システムキッチンだけで普通の家が建てられるほどの金額になるのだ。

　その他の工事についても税務職員個人としての見解を述べていったが，心象としてはこのシステムキッチンがネックになったのは間違いない。

4．税理士の反論と調査結果

　これに対し，当方の反論もいたって単純明快である。1．でも述べたとおり，家屋の評価は財産評価基本通達89で固定資産税評価額をもとに行うことになっている。

　また，システムキッチンについては，同通達92⑴で家屋と構造上一体となっている設備の具体例も挙げ，次のように謳われている。

> 家屋の所有者が有する電気設備（中略），ガス設備，衛生設備，給排水設備，……で，その家屋に取り付けられ，その家屋と構造上一体となっているものについては，その家屋の価額に含めて評価する。

　つまり，いくら相続開始の直前だったからといって，固定資産税における建物の評価に変動がない以上，建物の評価額で計

上すればよいことになる。

　この見解に対し，税務署はこんなことをいってきた。今回の改装は，増築のように固定資産税の担当官が外から見てわかる工事ではない。つまり，改装工事そのものがあったかどうか，それがわかっていないので評価額に大きな変動がないのだ，という見解である。

　それなら，工事内容を固定資産税課に資料持参の上説明し，家屋の評価額に変動があるかどうかを反面調査㊻で確認して欲しい，とお願いした。

　実は，後出しジャンケンのような行為なのだが，税理士としてはこのことが問題になった時点で，既に固定資産税課には相談に行っていたのである。システムキッチンを含め，当該工事の内容が家屋の評価額を変更させるようなものではないことを確認済みであったのだ。

　固定資産税は市町村税なので，各自治体によってその取扱いに差異はあるだろう。したがって，一概にはいえないが，システムキッチンの取扱いは修繕費とするところが多いようだ。この事案のように，1,000万円を超えるような高級品に取り換えた場合でも，あくまでも従前品の代替として修繕費扱いをしてくれるということであった。

　また，その他の工事についても，工事明細㊼を検討して貰った結果，評価額を変動させるものではないとのこと。このような事前の回答を得ていたからこそ，税務職員には市役所への反面調査をお願いしたのである。

　結論としては，固定資産税課の回答に納得して貰えたようで，この調査事案での修正はなかった。家屋の評価額に変動がない以上，追加して財産計上の余地はなかったのである。

㊻ 調査対象者そのものに対する調査ではなく，その取引先や取引金融機関等に対する調査のこと。

㊼ 工事の内容や工法，金額，開始時期や納期等の明細。

第2章　財産評価・特例に関する失敗・トラブル

5．その直後の国税庁のＱ＆Ａ

　無事に税務調査を終え，これは相続直前にできる絶好の相続税対策になると，大いに自信を持っていた。

　ただ，この問題については，かねてより固定資産税評価額が付されていない家屋の評価方法として，実務上は次のような取扱いがなされている。

> 新増築等で固定資産税評価額が付されていない家屋については，付近にある状況の類似した家屋の評価額を基に，構造や経過年数等を考慮して評定する。

　ただし，付近に類似するものがない場合，その家屋の再建築価額から経過年数に応ずる償却費相当額を控除した価額の70％に相当する金額によって評価する，というものである。この考え方については承知をしていた。しかし，この調査後しばらくして，国税庁から91頁のような Ｑ＆Ａが，上記の取扱いが正式な【照会要旨】に対する【回答要旨】となって公表されたのである。

　ここでの問題は，単に評価額が付されていないという表現ではなく，もう一歩踏み込んで，"増改築に係る家屋の状況を反映していない"場合となっていることである。

　もっとも，本事案の場合は増改築の状況を反映していないわけではない。もともと，このような改装工事では，家屋の評価額に変更はないというのが固定資産税課の考え方だったのである。

　とはいうものの，わざわざ国税庁がこのようなＱ＆Ａを公表するというのは，類似の事案，問い合わせが多かったのであろうことは想像に難くない。固定資産税の考え方とは必ずしも合

㊻　国税庁がホームページ上で開示している，納税者からの質問や想定される疑問点を問答形式にしたもの。

07 相続直前の増改築後の家屋の評価

致しなくても，税務署が家屋の増改築の状況を反映していないと判断すれば，このＱ＆Ａの算式で評価することを強制することも考えられる。

6．なぜ，相続税に独自の評価基準はないのか？

　以下は全くの私見であるが，ここで建物評価について，根本的なことを考えてみたい。相続税においては，なぜ独自の評価方法を規定せず，固定資産税の評価に委ねたのか，という疑問である。さらに言うなら，本来相続税の考え方は，<u>相続時点での時価</u>である。そうだとすれば，そもそも固定資産税の評価額によることに，大きな誤りがあるのではないか，ということを問いたいのである。

　固定資産税の考え方は，その建物の物理的な価値に注目して算定を行っている。建物の構造，部材，用途等を勘案して，それぞれに評点を付け，合計額で<u>建物全体の評価額を算出する</u>。

　したがって，構造，用途等が全く同じ建物である場合，どの場所にその建物があっても，評価額は同じである筈だ。例えば銀座の４丁目と地方都市の駅前と，全く同じ商業ビルを建てたとしよう。固定資産税の評価額は同額になるはずである。

　それでは，この商業ビルから上がる収益はどうであろう。片や日本一の商業地・銀座に対し，もう一方は地方都市の駅前である。収益性に差があることは歴然とした事実であろう。しかし，相続税の評価額は同一となるが，果たしてこれでその建物の適正な"時価"といえるのだろうか。

　同じことは同一の面積・間取りのタワーマンションの最上階と１階の評価にもいえる。マンションの評価については，土地と建物を別々に評価し，その合計額をもってマンションの評価

㊿ 相続が開始された時点，通常は亡くなった時点での評価。

㊼ 固定資産税においては，建物の各部材がどれ程の面積に使用されているかの使用量，構造や用途による相違を考慮し，評価のポイントごとに点数をつけ，その点数の合計点から建物全体の評価額を算出する。

－ 89 －

額としている。面積も間取りも同じなら，建物の評価は同じになるだろう。土地は全体敷地についての評価額を算出し，部屋の持ち分で按分することになる。

つまり，階層が異なっても，同一の面積・間取りのマンションは同額の評価になるのだ。しかし，販売価格は最上階が1階に比較し，相当程度高額になっているのが実情だ。

こう考えてくると，建物の時価とはいったい何を持って算定するのか，甚だ疑問になる。固定資産税での評価は一種の割り切りと考えざるを得ないのかも知れない。

増改築等に係る家屋の状況に応じた固定資産税評価額が付されていない家屋の評価

【照会要旨】

所有する家屋について増改築を行いましたが、家屋の固定資産税評価額が改訂されていないため、その固定資産税評価額が増改築に係る家屋の状況を反映していません。このような家屋は、どのように評価するのでしょうか。

【回答要旨】

増改築等に係る家屋の状況に応じた固定資産税評価額が付されていない場合の家屋の価額は、増改築等に係る部分以外の部分に対応する固定資産税評価額に、当該増改築等に係る部分の価額として、当該増改築等に係る家屋と状況の類似した付近の家屋の固定資産税評価額を基として、その付近の家屋との構造、経過年数、用途等の差を考慮して評定した価額（ただし、状況の類似した付近の家屋がない場合には、その増改築等に係る部分の再建築価額から課税時期までの間における償却費相当額を控除した価額の100分の70に相当する金額）を加算した価額（課税時期から申告期限までの間に、その家屋の課税時期の状況に応じた固定資産税評価額が付された場合には、その固定資産税評価額）に基づき財産評価基本通達89（家屋の評価）又は93（貸家の評価）の定めにより評価します。

なお、償却費相当額は、財産評価基本通達89-2（文化財建造物である家屋の評価）の(2)に定める評価方法に準じて、再建築価額から当該価額に0.1を乗じて計算した金額を控除した価額に、その家屋の耐用年数（減価償却資産の耐用年数等に関する省令に規定する耐用年数）のうちに占める経過年数（増改築等の時から課税時期までの期間に相当する年数（その期間に1年未満の端数があるときは、その端数は、1年とします。））の割合を乗じて計算します。

【関係法令通達】

財産評価基本通達　5、89、89-2(2)、93
減価償却資産の耐用年数等に関する省令

注記

平成26年7月1日現在の法令・通達等に基づいて作成しています。

この質疑事例は、照会に係る事実関係を前提とした一般的な回答であり、必ずしも事案の内容の全部を表現したものではありませんから、納税者の方々が行う具体的な取引等に適用する場合においては、この回答内容と異なる課税関係が生ずることがあることにご注意ください。

08 法人税の節税が株価評価に影響？

introduction

　税理士たるもの，顧客の要望には可能な限り応えたいもの。その顧客の要望の中で最も多いのは，やはり節税だろう。税金を少しでも安くしてもらうために，税理士に報酬を払っている，と公言して憚らない顧客もいるほどだ。
　しかしながら，税金といっても多種多様。一つの税目の節税が，他の税目に与える影響も考えないと，結果的には取り返しのつかないことにもなり得る事例である。

1．事案の概要

　都心の一等地に土地・建物を有して不動産賃貸業を営むQ社が決算を迎えた。好況な業態を反映し，相応の黒字決算になりそうなことは，社長も顧問税理士も容易に予測はできていた。
　そこで，税理士は社長からの要請もあり，決算月の前から法人税の知識を全て駆使し，あの手この手の節税策を提案。社長もそれに応じて打つべき手はすべて打ったことが奏功。今期も前期と同様，利益はゼロ，決算書上では若干の赤字にまでなったのだ。
　社長は大喜びで税理士を慰労し，税理士も役に立てたことに大満足，とここまでは良かった。実はこのQ社，場所が都心の一等地であることから，<u>自社株の評価額</u>にそれが反映するであろうことは，社長も素人ながら理解はしていたのだ。
　Q社は現社長のご父君が創業者で現在89歳，そのご父君が大半の株式を所有していた。最近はそのご父君の体調がすぐれず，年齢的には近い将来の相続も覚悟しなければならない状況であった。そこで社長は顧問税理士に，株価と現時点での相続

⑦評価対象の会社の評価額のこと。上場されていない株式については，原則的評価方法として，類似業種比準価額方式と純資産価額方式，及びそれらの併用方式がある。さらに特例的な評価方式として，配当還元価額による方式がある。

税がどれくらいになるのか，その試算を依頼していた。

ところが，何度か催促を試みたが，忙しさを理由にそれに対する報告がなかなか上がってこない。業を煮やした社長は，株価を含めた相続税額の試算を当社にご依頼を頂いたのだが，その結果，思わぬことが判明した。

顧問税理士ががんばって2期連続で利益を0，配当などしたこともないため，<u>類似業種比準価額方式</u>⑫による評価が適用できなくなったのだ。いわゆる<u>2要素0の会社</u>⑬となり，株価は従前と比較して一気に5倍に増大していた。

この報告を受けて，社長は激怒した。だから早く株価評価をして欲しいと頼んでいたのだ，と。当初は赤字決算にまでにしてくれた顧問税理士に対する感謝が，一転，恨みに変わってしまった。

2．取引相場のない株式の評価

取引相場のない，いわゆる未上場株式の評価は，相続税における財産評価の中でも面倒なものの一つである。そのため，事案についての議論に入る前に，その評価方法についての確認をしておこう。

まずは評価会社を<u>大会社，中会社，小会社</u>⑭に分類することになる。一般論としては，100％類似業種比準価額方式が適用できる『大会社』に該当するようにしたいところではある。土地や株式等の含み益が反映されず，株価評価上は有利になることが多いためである。

しかし，『大会社』に該当するためには，原則として従業員数が100人以上という条件があり，この条件をクリアするのが株価対策上は難しいとされている。特にQ社のように不動産賃

---

⑫ 評価対象となる会社がある程度の規模である場合，上場企業に準じて評価を行おうとするもの。具体的には，評価会社の1株当たりの①利益②配当③純資産価額を国税庁が発表する上場会社のそれと，比較，比準させて計算する評価方式。

⑬ "比準要素1の会社"という言い方もするが，類似業種比準価額方式の3要素の内，2要素が0である会社のことで，これに該当すると本来は類似業種比準価額方式で評価できる場合でも，原則として純資産価額方式で評価しなければならないことになる。

⑭ 取引相場のない株式の評価については，特例的評価方式を適用する場合を除き，評価会社を大会社，中会社，小会社の3区分とすることになる。①従業員数による基準②総資産価額と従業員数を併用する基準③1年間の取引金額による基準，の三つの判定基準により，それぞれの会社を94頁の表により区分けしている。

評価会社の分類

規模区分	区分の内容		総資産価額（帳簿価額によって計算した金額）及び従業員数	直前期末以前1年間における取引金額
大会社	従業員数が100人以上の会社又は右のいずれかに該当する会社	卸売業	20億円以上（従業員数が50人以下の会社を除く）	80億円以上
		小売・サービス業	10億円以上（従業員数が50人以下の会社を除く）	20億円以上
		卸売業，小売・サービス業以外	10億円以上（従業員数が50人以下の会社を除く）	20億円以上
中会社	従業員数が100人未満の会社で右のいずれかに該当する会社（大会社に該当する場合を除く）	卸売業	7,000万円以上（従業員数が5人以下の会社を除く）	2億円以上80億円未満
		小売・サービス業	4,000万円以上（従業員数が5人以下の会社を除く）	6,000万円以上20億円未満
		卸売業，小売・サービス業以外	5,000万円以上（従業員数が5人以下の会社を除く）	8,000万円以上20億円未満
小会社	従業員数が100人未満の会社で右のいずれにも該当する会社	卸売業	7,000万円未満又は従業員数が5人以下	2億円未満
		小売・サービス業	4,000万円未満又は従業員数が5人以下	6,000万円未満
		卸売業，小売・サービス業以外	5,000万円未満又は従業員数が5人以下	8,000万円未満

貸業においては，従業員数は少数の場合がほとんどだ。したがって，多くの会社が中会社又は小会社となり，類似業種比準価額方式を適用できる割合は限定されてしまう。

　本事案のＱ社が中会社に該当するため，ここでは話を中会社に限定して議論を進める。中会社の場合，評価方式として，基本的には①類似業種比準価額方式と<u>純資産価額方式</u>との併用を原則としながら②純資産価額方式で評価する方法との選択適用となっている。
⑦⑤

　そして，①の場合には，総資産価額や直前期末以前1年間の取引金額に応じて，いわゆる<u>Ｌの割合</u>が「0.9」，「0.75」，
⑦⑥
「0.6」の3段階に区分されることになっている。

　Ｑ社の場合，都心の一等地に土地・建物を有しているため，総資産価額方式では土地の含み益が多額に計上される。それが株価に反映し，高騰してしまうことになるのだ。このような会社にとって，類似業種比準価額方式との併用によって株価が引き下げられる効果は絶大なものがある。

　Ｑ社の場合に当てはめて考えると，この決算対策を行う以前は純資産価額，取引金額いずれの基準においてもＬの割合が0.75であった。そのため，結果的には株価評価において，高い純資産価額方式の影響は25％で済んでいたことになる。

3．株価評価の特例

　さて，株式評価の原則的な考え方は以上のとおりであるが，実はこの原則的評価方法に対し，いくつかの例外が設けられている。

　その全てをここで詳述はしないが，最も典型的なものとしては，通称"土地特"，"株特"等といわれている，<u>土地保有特</u>
⑦⑦

⑦⑤
上場されていない株式についての原則的評価方法として，類似業種比準方式と並ぶ評価方式で，小会社についての基本的な評価方式である。課税時期における各資産を評価通達によって評価した価額の合計額から，各負債の合計額及び評価差額に対する法人税等を控除した金額を算出。その上で，その金額を発行済み株式数で除して1株当たりの株価を評価するもの。

⑦⑥
中会社は大会社と小会社の中間的な存在であるため，その対象範囲が広範に及ぶことになる。そのため，この点に着目して，さらに「総資産価額及び従業員数」又は「年取引金額」を基準に，"中会社の大"，"中会社の中"，"中会社の小"に細区分して分類することにしている。具体的には，中会社の内，比較的大会社寄りか小会社寄りかを判定し，大会社としての評価要素を加味する割合（これをＬの割合という）を定めて，類似業種比準価額方式と純資産価額方式との併用方式で算定した価額に乗じて計算する。

⑦⑦
課税時期における評価会社の総資産価額に占める土地及び土地の上に存する権利の価額の合計額の割合が，大会社で70％以上，中会社で90％以上その他一定の会社をいい，純資産価額方式での評価が強制される。

定会社，株式保有特定会社が挙げられるだろう。

簡単に復習しておけば，土地保有特定会社とは，①大会社及び小会社のうち総資産価額基準が大会社に該当するものは，総資産に占める土地等の割合が70％以上の会社，そして，②中会社及び小会社のうち総資産価額基準が中会社に該当するものは，総資産に占める土地等の保有割合が90％以上の会社をいう。

同様に株式保有特定会社とは，総資産に占める株式等の保有割合が，50％以上の会社をいうものとされている。

これら"土地特"，"株特"に該当する場合，その評価方法は，会社規模にかかわりなく原則として純資産価額方式によることになる。つまり，類似業種比準価額方式は原則的には考慮されないのだ。

この他にも，開業後3年未満の会社又は比準要素0の会社も，純資産価額方式で評価することになる。それは，正常な営業活動を行っていることを前提として，上場会社と比較する類似業種比準価額方式では適切な評価ができないと考えられるためである。

これらの"土地特"，"株特"の特例については，株価評価をそれ程通常業務で行わない方々にも，それなりに知名度のあるものであろう。注意すべきは2要素0の会社，というか比準要素1の会社の評価である。

この会社については，上場会社に比準する3要素のうち，半分以上の2要素が0であるため，類似業種比準価額方式での評価は妥当性に欠けることになる。そうはいうものの，休業中の会社や清算中の会社が純資産価額方式で評価されることに比べれば，それと同一のレベルで考えることにも問題があるだろう。また，収益性を考慮するとしても，小会社が類似業種比準価額方式を適用する場合の2分の1のウェイトよりは少ないと考え

⑦⑧ 課税時期における評価会社の総資産価額に占める株式及び出資の価額の合計額の割合が，50％以上の会社をいい，純資産価額方式で評価をすることが強制される。

ざるを得ない。

　以上のような状況から，２要素０の会社については，純資産価額方式を原則としながらも，類似業種比準価額方式の適用割合（Ｌの割合）を0.25として併用する方式も認められている。

4．問題の所在と解決策

　さて，話をＱ社に戻そう。この事案は何が問題だったのだろう。結論としては，社長の依頼で決算対策をしただけだ。何とか利益を減らせという社長の要請に，税理士として愚直なまでに応えた結果が２要素０。そのために，類似の適用割合が75％から25％へと３分の１に減ってしまったのだ。これが落とし穴だったというわけである。

　ただ，この税理士を責めることなど決してできないだろう。常に相続のことまで念頭に置いていなければ，誰でもが同じ誤りをやっていたかも知れないからだ。しかも，この税理士は工夫をし，社長を喜ばせるためにやったのである。

　そうはいっても，このまま相続を迎えたら前述の高騰した株価評価は避けられない。進行期の会社の状況はさすがに黒字にならざるを得ないとのこと。大がかりな修繕を，２期連続で前倒ししたため，もはや効果的な節税策も容易には見出せないのだろう。

　株の大半をもつ創業者の年齢と現在の状況を考えると，のんびりと時間のかかる対策はできない。２要素が０の状況を回避すればいいのだが，決算は終了したばかりだ。もう１期待てば必ず黒字にはなり，それも解消はできるだろうが，そこまでの余裕はない。

　そこで，手っ取り早く決算期の変更をし，できるだけ早期に

決算をすることをお勧めした。もちろん黒字の決算である。これなら2要素0にならず、再びLの割合を0.75にすることが可能になる。

さて、決算期の変更に何か問題はあるだろうか。結論としては、会社としての経営判断だけで考えればいいことである。税法上、特別な理由がなければ変更をしてはならないという規定はない。結果としてこの時点ですぐに相続が開始されたとしても、それをもってすぐに <u>同族会社の行為計算の否認</u>㉙、とまで指摘される心配はないだろう。

それに、決算期の変更を何度も繰り返すのでなければ、変更の理由など何とでも考えられることである。したがって、決算期の変更は通常の法人の決算対策としても、非常に有効で使い勝手の良い方法なのである。

ただし、繰り返しになるが、短期間に何回も同じ手は使えない。「ここぞ」というタイミングを考えて活用すべき方法であろう。

5．税理士としての反省と姿勢

同じようなことは他にいくらもある。例えば個人の土地に賃貸物件を建築する場合、個人名義とするか法人名義とするかもその一つだ。

相続を前提に考えた場合、個人名義なら土地の評価が貸家建付地となり、更地の7～8割の評価にまで下がる。建物の評価も建築価格に較べれば、鉄骨・鉄筋系で65～75％程度、木造系なら半額以下になるだろう。さらにそれが賃貸物件なら、借家権相当の30％がそこから控除されることになる。建物を建築するだけで評価上は優遇され、相続税対策になる。

㉙ 同族関係者で株式の大半を保有し、経営支配権を握っているような同族会社においては、法人税などの負担を不当に減少させる目的で、非同族会社では容易に行えないような取引をする恐れがある。このような同族会社の租税回避行為を牽制する目的から同族会社等の取引で、「これを認めた場合には、法人税などの負担を不当に減少させる結果になる」ものがある場合に、税務署長はその法人の行った取引や計算にかかわらず、適正な取引が行われたものとして法人税などの課税所得や法人税額などを計算することができるという同族会社の行為計算の否認規定が設けられている（法法132）。

一方，法人名義の場合には，無償返還の届出書を提出すれば，更地の80％相当に土地の評価は抑えられる。しかし，建物は個人でないため相続時の評価上，直接のメリットはない。

　これだけを見れば，一見個人名義で建築した方がよさそうではある。しかし，事はそれほど単純ではない。相続がいつ起こるかにより状況は一変してしまうためだ。

　相続まで時間があるのであれば，法人名義にして所得の分散を図ることも考えられる。また，そもそも所得を分散しなければならない所得水準かどうかも検討の余地はあるだろう。

　まさにケース・バイ・ケースなのだ。相続税対策だからといっても，相続税ばかりでなく所得税，法人税，消費税等全体的に色々なことを考えなければ結論は出てこない。常に樹を見て森も見て，税務は本当に奥が深いものである。

第 3 章 贈与・譲渡に関する失敗・トラブル

　相続税対策として，贈与は非常に有効かつ有用な手段である。要するに，何もしないで単純に相続税を納めるのと，事前に贈与税という相応の負担をして相続を迎えるのと，その損得計算だからだ。相続税よりも低い税負担の範囲で贈与を行えばいいのであるが，贈与にあたっては，いくつかの注意点がある。

　贈与を行う場合の財産評価の方法は，基本的には相続の場合と同じである。したがって，通常は高額な市街地の土地がその対象となることは少ない。一般論としては，金額の設定や範囲を容易に工夫できる金銭債権や金融商品になるだろう。

　これらの財産であれば特に問題はないのだが，注意すべきは宅地に比較して価額の低い"農地"の贈与である。贈与に限らないのだが，農地は土地の中でも極めて特別な扱いとなっているためである。価額が低いために，贈与の対象となることも多いため，注意が必要なのである。

　地方在住の方には馴染みはあるだろうが，東京をはじめとする大都市圏においては，農地が業務の中に占める割合は，それ程高いものではない。そのため，その取扱いが通常扱う市街地に比して，おろそかになりがちな傾向もあるのだ。

　言うまでもなく，農地には「農地法」という法律によって，様々な規制がなされている。宅地と異なり自由に売ったり買ったり，又は農地以外のものに転用することができない。また，その地方固有の事情から，法律の運用にあたっても制限がある場合もある。

　また，農地に限った話ではないが，土地や建物という不動産については，税法だけの知識では相続税業務はできない。不動産を取り巻く数々の法律で，その取引や建築に制約があるためである。これらの法律を事前に確認，検討した上で業務を行わないと，後で取り返しのつかない事態を招くことにもなりかねない。

　なお，贈与をきっかけとして，税理士がどこまで一般の方に実務の実態をお話していいのかについて，考えさせられた事案も紹介している。税理士たるもの，税務

の専門家として顧客に税法や経理に関する情報を提供し，顧客の利益に資することは当然の役目である。しかし，時として行き過ぎた節税が脱税にまで発展することもある。税理士として脱税には決して加担はできないが，顧客サービスも行き過ぎると，知らず知らずの内に脱税スレスレの情報提供につながることもあり得る。税理士としては，顧客に有用なサービスを提供し，存在感を示したいところではあるが，火傷をしないよう，過剰サービス，濃厚サービスは慎みたいものである。

01 贈与税にも準確?

> **introduction**
> 税理士としては本当に初歩的なミスの話から始めたい。申告期限をうっかり失念したのだ。そうはいってもさすがに筆者も税理士の端くれ,通常のケースでは所得税や法人税,相続税等の申告期限を間違える筈もない。
> あまり例はないと思うが,贈与を受けた受贈者が申告を前に亡くなってしまったのである。所得税でいう準確定申告なのだが,贈与税にも当然のことながら,似たような規定が用意されている。

1. 個人が年の中途で亡くなった場合

言うまでもなく,個人が年の途中で亡くなった場合,亡くなったからといって年初から亡くなる日までの所得について,課税が免除される訳ではない。原則として相続開始を知った日の翌日から4カ月以内に,相続人が本人に代わって申告をすることになる。いわゆる"準確"である(所法124①,125①⑤,通法5①)。

さて,贈与を受けた受贈者についても,同様の規定がある。贈与税についての申告義務が,申告以前に死亡したことによって果たせなかった場合,相続人又は包括受遺者は相続開始を知った日から10カ月以内に贈与税の申告をしなければならないことになっている(相法28②)。

所得税の申告義務者に比べ,贈与税のそれは圧倒的に少数であろう。したがって,税理士にとっても贈与税の申告件数は少ないばかりか,さらに受贈者の申告以前の死亡はレア・ケースといってもいい。

①
確定申告をしなければならない人が,その年の翌年1月1日から3月15日までの間に確定申告書を提出しないで死亡した場合,又は年の途中で死亡した人が,その年分の所得税について確定申告をしなければならない場合の所得税の申告。
②
遺贈により財産を取得する人を受遺者という。遺産の全部又は一部を割合をもって示し対象とする場合を包括遺贈といい,その割合で財産を取得する人を,包括受遺者と呼ぶ。相続人と同一の権利義務をもち(民法990),遺言者に消極財産があれば遺贈の割合に従って引き受けなければならない。包括遺贈の放棄は自己のために遺贈のあったことを知った日から3カ月以内に家裁に対し申述しなければならない(民法915①)。

-103-

後述する事情から，この受贈者は直接の顧客ではなく，当事務所の顧客の親戚で日頃のお付き合いがなかったこともミスの原因の一つではある。とにかく，うっかり申告期限を徒過し，確定申告の時期になって気が付いて慌てたというのが実態である。

2．事案の概要

X氏はいわゆる地主で都内に多数の貸地を有していた。そのX氏の相続が開始され，当事務所が相続税の申告業務をお手伝いすることになったのだ。ただし，相続開始以前に相談業務はあったものの，顧問契約もなく，積極的に相続税対策の関与をしていたわけではない。

財産の大半は不動産であったが，貸地も多く評価単位としては30件を超える資産規模。その中に，親戚関係であるという事情から，相続時点では固定資産税相当額の，僅かばかりの地代しか収受していない貸地があった。他の貸地の地代との比較や当初からの経緯から判断して，税務上の賃貸借として借地権があるとは判断できなかった。完全に借地権なしとは断言できない可能性もあったが，結論としては，申告書作成にあたって自用地として評価した。

実は，使用貸借か賃貸借かということや，借地権の有無は，相続税法上の問題としては非常に大きなテーマであり，また多くの論点を含んでいる問題ではある。しかし，本稿はそれがメインのテーマではないので，ここでは微妙な問題があるという程度に留めておく。

さて，今回の相続税の申告業務を終え，この親戚への<u>低額貸付け</u>への対応と，その改善策を提案した。それは，早晩開始

③
他の借地人に比して，非常に低い地代で土地を貸していたため，このケースでは，借地権の有無については税務上の問題が残されていた。

－104－

されるであろう二次相続を考えて、現時点でこの土地を借地人である親戚に贈与してしまおうという提案である。

このまま僅かばかりの地代を収受し続けても、収益面ではあまり効果がない。しかも、実質的には自分では使えない土地である。高額な自用地評価をされ、その相続税負担をすることは、相続人にとって早急に解決すべき問題であると考えたためである。

3．土地の評価額及び贈与方法等

このような状況において、地主としては土地を無償で手放すことには何の躊躇もなかった。しかし、問題は、受贈者である借地人側の贈与税という経済的な問題である。

借地人としても、土地が借地の不安定な状況から完全所有権になることは、望むところではあるはずだ。そこで、借地人に贈与の話をするにあたって、この土地を贈与する場合の評価額及び贈与税額を算出した。面積が借地人の自宅と隣接のアパートで130坪ほどと広いこともあり、自用地評価で1億6,000万円、単年度での贈与はおよそ7,700万円もの高額な税負担となった。これではとても現実性のない贈与となってしまう。

贈与税の負担を軽くする方法は、とにかく数年に分散し、しかもでき得る限り受贈者を複数にすることである。

下図を参照してほしい。借地人Aには配偶者Bとの間に二人の子があり、長男D家族と同居の状態。孫まで人数に含めれば、贈与の対象とでき得る人数はA～Gで合計7人となる。本来、配偶者と親子以外の関係で財産を共有することはお勧めできることではない。

当座は良いにしても、CとD、FとGは兄弟の関係。将来の

④ このケースでは当初の相続は夫婦の内、夫の相続であったが、夫の次の相続は基本的には年齢の近い配偶者である妻が想定される。このような場合に、夫の次に実現するであろう相続を二次相続という。

第3章　贈与・譲渡に関する失敗・トラブル

ことを考えれば，共有関係というのはその権利関係をめぐって，争いの種になりかねないからだ。

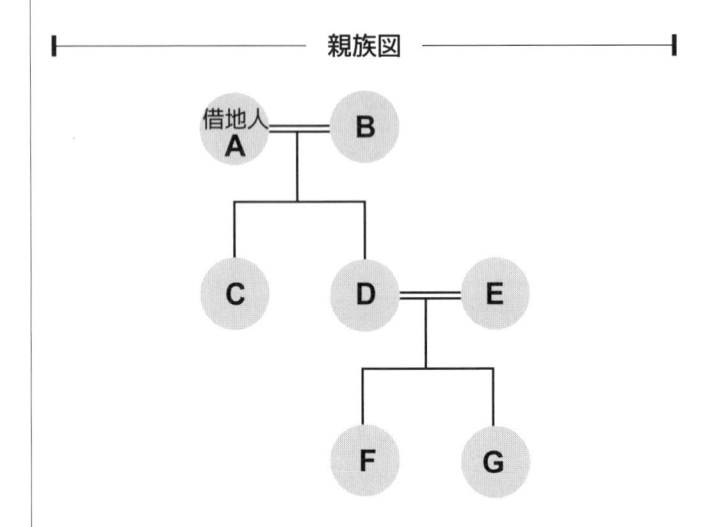

```
――――――― 親族図 ―――――――

         借地人
          A  ══ B
             │
      ┌──────┴──────┐
      C            D ══ E
                   │
                ┌──┴──┐
                F     G
```

　しかし，それはA家の問題。地主側の立場で考えた場合，とにかく贈与税の負担を軽減させることだけがテーマである。税理士としては少々無責任な気もしたが，3年間に分け，合計7人を受贈者とする提案をした。

　その結果，毎年 地価の変動はないとして，1人760万円分の贈与で税額は135万円，7人合計で945万円になる。これが3年で総額約2,800万円なので，この金額で都内に130坪の土地が買えると考えれば安いもの。極めて現実的な数字になったため，借地人側の応諾も得られた。

⑤
地価とは土地の価格をいうが，この場合は贈与税の評価を考えて，相続税法上の路線価の変動を無視したという意味。

4．借地人Aの死亡

　さて，二次相続を想定しての今回の贈与計画であるが，推定被相続人の年齢は当時80歳。女性の平均余命を考えれば，健

康状態を考えても，すぐに相続が起こるとは考えられない。しかし，いつ何が起こるかわからないのが世の中である。平成23年11月にこの話がまとまったので，早速，平成23年分の贈与について贈与契約を締結した。

　さらに，この時点で併せて24年分の贈与につき，<u>路線価</u>の公表前ではあったが，24年1月5日付での契約書を締結。

　そのような状況下，2月に第1回目の贈与税の申告・納税を終え，その直後に借地人のAが死亡したのだ。24年分贈与については，A直筆の署名がある<u>贈与契約書</u>もあり，<u>確定日付</u>こそ用意はしていなかったが，申告をする予定であった。

5．Aについての贈与税の申告期限

　前述のとおり，贈与税についての申告義務が果たせなかった場合，相続人又は包括受遺者は相続開始を知った日から10カ月以内に贈与税の申告をしなければならないことになっている。

　Aが亡くなったのが平成24年2月10日であるため，申告期限は12月10日となる。しかし，知識としてその申告期限を理解はしていても，強く認識していなかったのも事実である。

　年が明け，平成24年分の贈与税の申告準備に入った段階で，既に申告期限を徒過していることに気付いたのである。時既に遅く期限後申告になってしまった。

　繰り返しになるが，直接ご依頼を頂いた顧客ではなく，あくまでも顧客の相手方であり，説明時に会っただけという状況だったため，油断があったことは否めない。また，贈与税については，相続の時のように業務の途中で財産分割についての説明や相談も不要である。そのため，贈与契約書を作成すると，後は申告書の提出だけということも，うっかりしてしまった原

⑥
毎年，その年の相続税の路線価は7月1日に公表されることが多い。相続税の路線価は相続の場合の他，贈与についても適用ができるため，その年の贈与税を計算する場合にも同じものが用いられる。

⑦
贈与をする場合に，その贈与を行う日付・贈与の対象物・価額・贈与者及び受贈者の住所・氏名，贈与を行う場合に条件がある場合のその条件等を記載した契約書。

⑧
二者間で結ぶ契約書については，作成日付を偽装することが容易な場合が多い。両者が通謀すれば当該契約書を過去に作成したように装うことも可能である。そこで法律上，文書について一定の手続を踏んだ場合には，作成日付について法的に完全な証拠力を認める制度が設けられている。いくつか方法があるが，このうち最も頻繁に利用されるのは，公証人による私署証書への確定日付の付与及び内容証明郵便の制度である。公正証書の場合は，その日付をもって確定日付とし，登記所又は公証人役場において私署証書に日付ある印章を押捺したときは，その印章の日付をもって確定日付とする。

第3章　贈与・譲渡に関する失敗・トラブル

因だったかもしれない。さらには，このようなケースが今までに経験していなかったことも，その大きな原因であったと思う。

いずれにせよ，プロとしては何とも恥ずかしく，初歩的なミスであったことは間違いない。

6．申告書の付表も要注意

さて，この手の贈与税の申告書にはもう一つ注意すべき事柄がある。本来の受贈者は既に亡くなっているため，当然のことながら相続人がその納税義務を承継することに。そうすると，申告書付表にそれを記載する必要が生じる。⑨

この付表であるが，申告書の提出時点でＡの財産について，分割協議が整っているかどうかで記載が異なる。つまり，分割協議が整っていなければ，法定相続人が法定相続分で債務の承継を行うことになるのだ。分割協議が整っている場合には，当該債務を承継する特定の相続人の氏名と相続割合を記載することになる。

となると，受贈者である借地人家族の分割の状況まで確認する必要がある訳だ。本来の依頼者であれば当然のことではあるが，受贈者ではなく，贈与者側だけがもともとの依頼者である。贈与税の申告書作成時点で，あわてて分割協議の有無を確認したが，未分割とのこと。

借地人側の分割協議にまでは関与せず，その後の動向はわからないが，借地人の死亡を知った時点で，これらの周辺の事柄も確認しておく必要がある。

⑨
贈与税の申告書を提出しなければならない者が，その年の翌年1月1日から3月15日までの間に贈与税の申告書を提出しないで死亡した場合，又は年の途中で死亡した人が，その年分の贈与税について申告をしなければならない場合，受贈者に代わってその相続人が贈与税の申告書を提出しなければならない。その申告書と共に提出する書面で，限定承認の有無，相続人の住所・氏名・生年月日，相続人が複数いる場合の各人別の贈与税の負担額等を記載した書類。

7．その後の対応

　申告期限が徒過している事実及び当方の責任である旨を，まずはもともとの顧客である贈与者に連絡した。その際，本税の他，無申告加算税と延滞税が課税されること，及びこれらの附帯税については，当方で負担することを説明し，理解を頂いた。

　その上で，借地人に面談し同様の状況報告と当方の対応方法を説明し，事なきを得た。借地人にとっては，本来納めるべき税額以上に自分たちが負担するものがなければ問題はないのかも知れない。

　しかし，税理士として報酬を頂いて作業をしている訳で，申告期限の失念というミスに弁解の余地はない。

02 農地転用の実態を知らずに贈与し，贈与不能となった事例

introduction

　東京をはじめとする都市部で業務を行っていると，どうしても地方都市の状況には疎くなってしまう。特に農地については，東京にも農地はあるものの，その売買や転用の実態を知る機会があまりない。

　農地の贈与を行い，贈与税まで申告・納付したものの，実際には贈与を行うことができず，それを断念。更正の請求で顧客に実害は与えなかったが，当方の無知と経験不足を露呈する結果を招いた失敗事例である。

1．農地に係る制限とその考え方

　農地については，その利用や処分について"農地法"という法律で様々な規制がある。なぜなら農地は他の土地と異なり，ある種特別な目的を有するためである。農地法第1条に次のようにうたわれている。

> この法律は，国内の農業生産の基盤である農地が現在及び将来における国民のための限られた資源であり，かつ，地域における貴重な資源であることにかんがみ，耕作者自らによる農地の所有が果たしてきている重要な役割も踏まえつつ，農地を農地以外のものにすることを規制するとともに，農地を効率的に利用する耕作者による地域との調和に配慮した農地についての権利の取得を促進し，及び農地の利用関係を調整し，並びに農地の農業上の利用を確保するための措置を講ずることにより，耕作者の地位の安定と国

> 内の農業生産の増大を図り，もって国民に対する食料の安定供給の確保に資することを目的とする。

　この中で特に重要なのは，①農地を農地のまま売買する場合（3条制限ともいう）②農地を宅地等の農地以外に転用する場合（4条制限ともいう）③農地を宅地等の農地以外に転用する目的で売買する場合（5条制限ともいう）の三つのケースである。

　原則として，これらの行為を行う場合，当事者同士で勝手に行うことはできず，それぞれの場合に応じて許可を受けることが必要なのである。それを簡単にまとめたものが次頁の表である。

　もう少し厳密にいうと，それらの移転，設定の契約自体を禁じたものではない。仮に契約をしてもその履行ができないという意味である。履行ができないというのは，実務的には登記ができず，また賃貸借においては賃借人は農地を賃借する権利を有しないことを意味する。

　ただし，<u>市街化区域内にある農地</u>[10]については，状況を異にする。農地法4条と5条の申請，つまり(i)売らずに自分で宅地として使う場合（4条）及び(ii)宅地にする目的で他人に売る場合（5条）には，<u>農業委員会</u>[11]への届出だけで許可までは必要とされていない。

　市街化区域内にある農地とは"街"にした方がよい地域にある農地なので，積極的に建物を建て，街づくりを促進しようという趣旨なのである。

[10] 都市計画法で市街化を図るべき地域に指定された「市街化区域」にある農地で，いわゆる「都市農地」といわれるものである。1991年に生産緑地法が改正され，市街化区域内農地は「宅地化する農地」と「保全する農地（生産緑地）」に分けられた。また三大都市圏の特定市の「宅地化する農地」（特定市街化区域農地）には，固定資産税・都市計画税の宅地並み課税が適用され，相続税の納税猶予・免除制度（長期営農継続農地制度）が廃止されている。

[11] 農業生産力の向上と農業経営の合理化を図り，農民の地位向上に寄与することを目的として，市町村に設置されている行政委員会のこと。かつての農地委員会・農業調整委員会・農業改良委員会を統合したもので，昭和26年（1951）の農業委員会法に基づく機関となっている。農地の利用関係の調整の他，技術の改良・普及の指導，行政庁への建議あるいは答申などを行う機関でもある。

農地法の制限

農地法の条文	転用	権利移転	許可権者	市街化区域内の場合
3条	—	○	農業委員会・知事	左と同じ許可
4条	○	—	知事・農水大臣	農業委員会へ届出
5条	○	○	知事・農水大臣	農業委員会へ届出

これらの制限があることを前提に事例の紹介に入ろう。

2．事案の概要

　東京の人間には馴染みもあり人気のある別荘地として，栃木県に那須・塩原がある。諸般の事情から，生前にこの別荘地を相続人となる子の一人に贈与することになったのだ。

　この土地は登記簿上の筆としては5筆から成っており，この内3筆は宅地，2筆が農地となっていた。一団の土地であるため，これらをまとめて贈与したのだ。

　農地の部分については，前述のとおり贈与をするにあたっては農地法の制限がある。農地のまま贈与すると，農業委員会又は知事の許可が必要となる。許可を受けるためには，農地を取得した者又はその世帯員が，取得後に実際に耕作をしなければならないことになっている。この顧客は東京在住で，もとより現地で農業を営むつもりはないので，この許可を得ることはできない相談なのだ。

　そのため，3条申請ではなく5条の申請によってまずは宅地への転用を行い，その後に贈与をする計画で贈与を勧めた。

筆者も，農地については移転や転用をする場合，農地法の制限がある旨は承知をしていた。ただ，これは知識として知っていたというに過ぎない。実際に農地転用の手続も経験がなかったし，許可される場合の条件も詳細は知らなかった。

　実務を知らないというのは，本当に恐ろしいことである。しかし，逆に実務の経験はあっても，あやふやな知識では適切な対応を誤ることがある。理論に基づく知識と実務の経験は，両方が相まって初めて機能するものなのである。

　それはともかくとして，贈与の時期が年末に近かったこともあり，贈与契約書だけは年内に作成し締結したものの，登記手続は年明けになってしまった。2月になり早々に贈与税の申告書を提出し納税も済ませたのだ。

　ところが，登記手続の中で司法書士からは次のような指摘を受けた。那須塩原市の農業委員会によると，農地を宅地に転用する場合には，開発行為による事業計画書及びそれを遂行するための資金が用意されていることの資金証明書が条件となっている，とのことなのだ。つまり，具体的な事業計画がない場合，許可はされないという事実が判明したのである。

3．事後の対応

　結論としては，贈与は事実上不可能であり，申告については更正の請求で税金を取り戻すしか方法はない。方法としてはそれで解決はできるが，顧客にはどんな説明ができるのだろうか。

　まさに前述のとおり，農地転用の実務と実態に対する無知がその原因である。その辺の事情は事前に確認し，実行が可能かどうかを検証した上で，顧客に贈与を勧めるのが税理士の務めなのではないだろうか。

那須塩原市が他の自治体と比較して，許可の条件が厳しいかどうか，筆者は知らない。仮に厳しい条件だったとしても，それをクリアできるかどうかは顧客と相談，検討して進めるべきであったことに変わりはない。

顧客には当方の事前の確認が不足していたことを素直に認め，陳謝した。その上で司法書士には途中まで業務が発生しているため，その業務報酬については当方で負担。言うまでもなく，更正の請求に対しては，お詫びとして無報酬で行った。

4．大都市圏の税理士の落とし穴

ここで注意すべきは，東京のような大都市圏で業務を行う場合，農地が絡む業務が非常に少ないことだ。東京に所在する農地について限っていえば，相続時に 生産緑地になっているかどうかを確認し，そうであればそれに応じた評価をすること。そして， 納税猶予を選択するのであれば， 農業相続人に対してそれに関わる手続を申告時にすることくらいであろう。

基本的には市街化区域内に所在する農地は，農地法3条の転用以外は許可事項ではなく，届け出だけで事は済む。税理士が関与するケースがほとんどないのが実情となっている。

しかし，東京で業務を行う場合であっても，この事案のように，地方に農地を所有していることはあり得る話なのだ。相続した土地が地方に所在の農地であることもあるだろう。それらを転用や売却等をすることも考えられる。

農地については，農地法という特別な法律があることは冒頭にも記したとおりである。頻繁に出て来る業務ではないと思うが，それだからこそ，余計に詳細で確実な情報を確認しておくことが必要であろう。

⑫ 市街化区域内にある農地等が生産緑地地区に指定されると，そこに建築物の新築・宅地造成などを行う場合は市町村長の許可を受けなければならない。しかも，農産物の生産集荷施設や市民農園の施設などを設置する場合以外，原則として許可されない。一方，買取り申出制度が設けられていて，その生産緑地の指定の告示の日から起算して30年を経過したとき又はその告示後に農林漁業の主たる従事者が死亡した場合などには，市町村長に対しその生産緑地を時価で買い取るべき旨を申し出ることができる。

⑬ 相続又は遺贈により取得された農地が，引き続き農業の用に供される場合，本来の相続税額のうち農業投資価格を超える部分に対応する相続税が，一定の要件のもと納税が猶予され，相続人が死亡した場合等に猶予税額が免除される制度。

⑭ 相続人でその農地等を取得し，相続税納税期限までに農業を開始し，引き続きその農地で農業を営んでいくと認められた人。農業相続人には，一定額で評価した価額を超える部分に対応する相続税額の納税が猶予される特例がある。要件を満たせば相続税は免除。農業をやめた場合や農耕地を売却した場合等は猶予分相続税を納税する必要がある。

03 一つの農地で二度のミスをした事例

> **introduction**
> 「02」で農地の贈与についての失敗事例を述べたが，これも農地絡みのミスである。今回の事例もまた，当初は贈与をしようとして，農地法の制限から贈与はできずに断念。それのみに留まらず，その後の相続税の申告書作成時点でも，評価をめぐり失敗をしたのだ。
> 同じ一つの農地で一度のみならず，二度も失敗を繰り返し，顧客にはただただ平謝りであったが，思わぬ副産物もあった，自慢にならない確認不足の失敗事例である。

1．市街化区域と市街化調整区域

　都市計画法において，都道府県は『都市計画をするべき区域（都市計画区域)[15]』を指定することになっている。大きな話をすれば，それによって「都市」の健全な発展と秩序ある整備を図ることができる，とされている。その結果として，「日本の国土の均衡ある発展と公共の福祉の増進に寄与することを目的とする」と都市計画法第１条にうたわれてもいるのだ。

　通常の税務の実務において，この法律に馴染みのある方は少ないと思われる。しかし，日本の各地域をどういう都市に仕立て上げるか，まずは計画しようと考えることが"都市計画"である。その意味では誰にとっても，実は自分の住んでいるわが街やわが家に係る身近な問題を扱っている法律なのだ。

　さらにいえば，それが税法にも密接に絡んでくる。一例を挙げれば，上記の都市計画区域においては，無秩序な市街化を防止し，計画的な市街化を図るため，必要がある場合には「市街

[15] 都市計画区域とは，都市計画制度上の都市の範囲で，原則として都道府県が指定する。ただし，複数の都道府県にまたがる場合は国土交通大臣が指定する。なお，都市計画区域は，「市」の範囲と都市計画区域が一致していることもあるが，複数の市町村を一つの都市計画区域に指定している場合もある。

第3章　贈与・譲渡に関する失敗・トラブル

化区域」と「市街化調整区域」を定めることができることになっている。

　市街化区域とは，既に市街地を形成している区域の他，今後概ね10年以内に市街化した方がよい区域。市街化調整区域とは市街化を抑止すべき区域ということができるだろう。

　そして，相続税法において土地の評価を行う場合にも，その土地が「市街化区域」にある場合と「市街化調整区域」にある場合とで，評価額に差が生じることも多いのである。

　それは考えてみれば当然で，「市街化を促進する地域と抑制する地域」という相反する地域であるためである。

　都市計画区域には，このとおり市街化区域と市街化調整区域との線引きがなされている。しかし，実際には全ての場所をこの二つで区分しているわけではない。いわゆる『⑯未線引き区域』といわれる区域もあるのだ。

　そして，これらについて，都道府県は概ね5年ごとに人口規模，就業人口の規模，市街地の面積，土地利用，交通量等に関して，現在の状況と将来の見通しについて調査を行うことになっている。つまり，⑰線引きの見直しが行われるのだ。

　従来は未線引き区域だったところが，いずれかの線引きの区域に入ったり，市街化調整区域が市街化区域に編入されたりということも起こり得る。

　実は，本事例もこの見直しに気付かなかったところに，失敗の原因はあった。街は常に変わる。農地もいつまでも農地である保証はない。それを自らの目で確認することが，資産税の実務においては何より大切なのだ。

⑯
市街化区域と市街化調整区域とに区分されていない都市計画区域のこと。法律上の名称は「区域区分が定められていない都市計画区域」である。一つの都市計画区域を市街化区域と市街化調整区域とに区分することを「区域区分」（又は「線引き」）と呼ぶが，この「区域区分」がされていない都市計画区域がいわゆる「未線引き区域」である。ただし，平成12年の都市計画法の改正によりこの呼称は廃止され，現在は「非線引き区域」と呼ばれている。

⑰
線引き（区域区分）とは，都市計画区域を市街化区域と市街化調整区域に区分して，無秩序な市街化を防止し，道路や公園等を計画的に整備していくための制度である。ここで市街化区域とは市街地として積極的に整備する区域で，計画的な市街化を図る区域。また，市街化調整区域とは市街化を抑制し，開発や建築が制限されている区域で，この区域区分を見直すこと。

2．事案の概要

　近い将来，相続の開始が見込まれていたため，推定相続人の一人から概ねの相続税額の試算を依頼された。その折，現在は市街化調整区域ではあるが，区画整理⑱の話があり，市街化区域に指定される可能性がある畑が話題になったのだ。

　そこで，市街化調整区域で相続税評価額も低い内に，積極的に子に贈与してしまおうということに話は発展していった。贈与という手法は，資産家にとって有用な相続税対策になるため，年間に相当数の贈与を行っており，その手続もいわば機械的に進めていることもあったのだろう。「02」の事例と同様のミスをここでも繰り返してしまったのだ。

　つまりは農地法の制限である。前述の農地法第3条がそれで，農地を農地のままで権利移転する場合，許可が必要となる。実は，詳細は後述するがこの農地はもともと登記簿上は推定被相続人（X氏）の名義にはなっていなかったのだ。

　それはともかくとして，低い価額の贈与を行うことにより，顧客は相続税対策どころか，さらに将来の区画整理を，被相続人ではなく受贈者である子がその値上がり益を享受できる期待までもつに至ったのだ。相談者は大いに期待し，結果として，すっかり喜ばせることになった。

　ただ，そうはいっても，受贈者は農業に従事する訳でもなく，単に区画整理後の値上がりを期待しての贈与など認められる筈もない。顧客に贈与契約書を締結させた時点で農地法の制限に気付き，贈与を撤回せざるを得ない状況になってしまった。農地の贈与は鬼門であるのに時間が経つと忘れてしまい，反省が生かされていなかった。

　さて，実害はなかったものの，贈与が実現させられなかった

⑱
土地区画整理法に基づき，都市計画区域内の土地で，公共施設の整備改善や宅地の利用増進を図るために，土地の区画形質の変更と公共施設の新設又は変更を行う事業。土地区画整理事業は市街地整備を行う代表的な手法として広く活用されており，多くの市街地がこの事業により整備されている。

第3章 贈与・譲渡に関する失敗・トラブル

こと，及び過大な期待を持たせてしまったことを顧客に詫びて間もなく，実際に相続が開始された。市街化調整区域の農地でもあり，相続税の評価方法は 倍率方式 による評価である。ただ，ここでもまたミスがあったのだ。

⑲ 相続税の宅地についての評価方法の一つで，路線価方式と対峙する評価方法。固定資産税評価額に国税局長が定めた倍率を乗じて計算した金額により評価する方法。

結論からいうと，区画整理に伴い市街化調整区域から市街化区域に変更になっていたのだ。倍率地域ではあったが，その倍率は1.0から7.6に変更され，固定資産税の評価額自体の増加と相まって，実際には評価額は20倍程度膨らんでいた。それを調整区域として，倍率で相続税の申告をしてしまったのである。

では，なぜこのような誤りをしてしまったのだろうか。直前に贈与をしようとしたときの確認が不十分だったのだ。顧客の言うままに市街化調整区域であると信じて疑わず，書面での確認を怠ったのであろう。贈与をしようとした時点で，既に市街化区域になっていたのだ。

そして，相続税の申告書を作成する時点でも，それを踏襲してしまうという，二重三重のミスをしてしまっている。言い訳になってしまうが，当事務所では，担当の税理士が処理したものを上の者がチェックし，さらにその上の者が再チェックする仕組みになっている。それにもかかわらず，このような単純ミスが連続することは，通常では考えられないが，現実には起こり得ることなのだ。

所詮は調整区域の倍率方式ということで，金額的にも小さいし，緊張感が足りなかったといえば足りなかったのだろう。税務調査で指摘され，初めて判明した事柄であった。

相続税の申告業務において不動産の評価を行う場合，通常の市街地については必ず現地を確認の上，市長村でその 不動産にまつわる法令の制限等 を調査，確認している。決して机上

⑳ 都市計画法，土地区画整理法，建築基準法，国土利用計画法，農地法等。

-118-

計算だけで終わることはない。

しかし，それが倍率地域の場合には，評価における工夫も考えにくいので，通常は現地に赴くこともない。軽く考えてしまったのだ。

3．農地についての権利保全

ここで，この農地の権利移転の経緯について触れておきたい。先程，この農地はもともと登記簿上，X氏の名義になっていなかった，と述べたと思う。どういうことかというと，今となっては土地取得の経緯まではわからないが，X氏自身も東京在住で農業に従事しているわけではない。したがって売買による権利移転については，農地法3条の適用を受けることになるが，その許可が得られる状況ではなかったのだ。

この場合，買い手であるX氏の住所と同じ市長村に所在する土地を買う場合は農業委員会，異なる市町村に所在する土地を買う場合は知事の許可が必要となる。ただ，いずれにしてもX氏は許可される状況ではないため，所有権の移転ができなかった。

そこで，自らの権利を保全する目的で<u>所有権移転請求権の仮登記（売買予約）</u>の設定を行っている。農地の場合，前述の許可が必要となるため，買い手が実際に農業に従事しない場合には，このような手続となるようである。したがって，X氏の相続時にも，所有権仮登記の権利を相続することとなる。

さらに言えば，市街化区域になった後，区画整理が終了して土地区画整理法により換地処分が行われ，宅地となった。そのため，現在では農地法の制約はなくなっている。

㉑
債権者が，債務者の所有する不動産の所有権移転請求権（売買予約や代物弁済予約など）を保全するために行う仮登記のこと。まだ所有権の移転はないが，将来所有権を移転することを前提に権利を保全しているもの。

第3章 贈与・譲渡に関する失敗・トラブル

4．税務調査での指摘と顛末

　さて，顧客に対して税理士としては，もはや顔向けができる状況ではなかった。同じ農地について，贈与ができないのに贈与を勧め，実際の相続になれば，今度はその農地の評価を間違えたのである。

　それをお許し頂き，現在もお手伝いをさせて頂いているが，その最大の理由は顧客の寛容さであることは間違いない。そうではあるが，あえて言わせて頂ければ，相続税の税務調査において，顧客には非常に喜んでもらった部分もあったのだ。

　被相続人は奥方のお金の使い方に，一度も不満をおっしゃらず，「良きに計らえ」という態度を終始とられていたそうである。実は，この奥方は京都生まれで京都育ちの上品なお嬢様。結婚後もお金の使い方については，それを当然のこととして踏襲されていた。中でも指輪や宝石類には目がなく，デパートの外商を通じて買い求めていた。ご主人が亡くなる直前の数年間は，入退院を繰り返していたこともあり，目立った買い物をされていなかったが，それ以前は年間200〜500万円程度は支出しており，税務調査ではそれが問題になったのだ。

　税務署の質問は，「まずそれを被相続人が知っていたかどうか」ということから始まった。もちろん陰で隠れて購入していたわけではないので，周知の事実である旨を回答。すると，驚くような指摘をしてきたのだ。購入金額相当額は奥方に対する貸付金だというのだ。㉒

　生活費，つまりご主人のお金で買っているのだから，残された貴金属が相続財産であるというのなら，わからない話ではない。そうであるならば，相続時の時価評価をすることになり，購入価額に比較して相当程度低いものとなる。通常の貴金属の

㉒ 夫が妻に一時的に貸付け，後日回収する債権であるという主張。

アクセサリーなど，購入時は高価であっても，いざ売却となれば二束三文というのが世間の相場である。

それを夫婦間のこのような買い物の状況をとらえて，貸付金というのは開いた口が塞がらない。

相続直前の10年間を集計してみても，ざっと3,500万円ほどになる。

長年税務調査に立ち会ってきたが，このような発言は初めての見解，初めての指摘であった。税理士としてはこれに対し強く抗議，これはご主人の奥方に対する愛情表現であり，贈与であると主張した。つまり，当時は贈与税の時効が5年であったため，それ以前は問題とならないし，5年以内に限定すれば金額的には1,000万円を下る程のものであった。

結論からいえば，前述の農地の評価で差額が400万円あったが，それについては修正申告に応じるものの，宝石，貴金属の類については一切修正に応じないと強弁。結局，農地の修正だけで調査は終了したのだ。

奥方はこれに大変満足され，感謝されこそ当方のミスの指摘は一切なかった。実は，貴金属の件は申告の段階で，当方も㉓普通預金の動きから問題視していたのだ。しかし，主人に買ってもらったの一点張りで，相続財産としての計上を強く拒んだ経緯があったのだ。それが最終的には税務署を納得させたということで，当方のミスは帳消し。

何ともすっきりしない調査ではあったが，終わり良ければ全て良し，ではいけない。税理士としては，事実の"確認"が何よりも大切であり，これを置いて他にない。

㉓ 相続税の申告業務を行うに当たり，税務署が準備調査の中で行うように，普通預金の動きを精査し，財産の取得や売却，名義預金形成の可能性や問題点を抽出すること。

04 時効で全ては解決するのか？

introduction

　時として，税務の知識というより，むしろ税理士としてのモラルが問われることがある。税務のプロとして，一般の顧客にどこまでのことをお教えしていいのか，今も悩んでいる事案である。

　誤った指導，助言をして顧客に迷惑をかけたわけではない。その意味では失敗談ではないのかも知れない。しかし，今後事態が進んでいく中で，税理士としてはどんな対応をしていくべきなのだろうか。顧問客でもない一見の依頼者にそこまで話をしない方がよかったのか，悩み多き事案といえる。

1．税務上の時効

　税法も法律である以上，当然のことながら"時効"の規定は用意されている。具体的な事案の紹介に入る前に，この税務上の時効について確認をしておきたい。

　一般論としては，通常の時効はそれぞれの税目の法定申告期限から5年である。しかし，相続時精算課税制度の導入時に，贈与税については6年となっている。

　ただし，偽りその他不正がある場合には，通常の5年に2年が加算され，7年が経過しないと時効は成立しない。贈与税についても，この7年は同様である。

　つまり，わが国においては，いわゆる脱税をした場合でも，7年という年月が経過することにより，道義的な責任は別とすれば，税法上の責務を問われることは全てなくなってしまうのである。このことを前提に本事案の検討に入って行こう。

　なお，時効の必要性やその正当性等々については，議論の多

㉔
仮装隠蔽行為と偽りその他不正の行為とは似ているが，前者は行政上の制裁対象であり，偽りその他不正の行為は司法上の制裁対象である。なお，「仮装隠蔽行為」が存在しない場合には重加算税が課せられることがないし，「偽りその他不正の行為」が存在しない場合には刑事罰が課せられることもない。

いところではあるが，本論のテーマからはそれてしまうので，ここでは割愛する。

2．贈与に係る税務調査での指摘

　本事案の検討に入ろうといっておきながら，その前に補足しておかなければならないことがある。それは，相続税の調査ではよく問題になることなのだが，親が生前，何らかの事由で子供に金銭を拠出した場合のその金銭の取扱いである。

　親の相続が開始され，その後の税務調査において上記金銭の拠出が発覚した場合，子に対する貸付金として相続財産に計上されていれば何の問題もないだろう。

　しかし，多くの場合，親子双方に金銭の貸借の認識はないのだ。そのため，何らの計上もないまま税務調査で問題になり，税務署側との意見の対立になることが多いのだ。

　税務署側としては貸付金である旨を主張し，納税をする側の論理としては贈与を主張する。贈与を主張する場合，前述の7年経過を確認した上で，時効にもって行きたい下心があるのだ。

　そのため，相続開始直前の資金の移動で，贈与税の時効が完成していない場合には，贈与財産の3年内加算の規定もあり，納税者側は強い主張ができないことにはなる。

　話は時効が完成しているケースに戻るが，筆者は今まで何度も税務調査でこの問題に遭遇している。結論から先に申し上げると，もはや死人に口無しで，贈与があったともなかったとも，真実の贈与契約書でもない限り，どちらの主張にも確証はない。そのため，税務署の主張に応じなかった場合でも，税務署はよほどの確証がない限り更正することは困難なのだ。

　もちろん，事実認定の問題もあるであろうし，一概には言

㉕
相続又は遺贈により財産を取得した者が，その相続の開始前3年以内に，被相続人から贈与を受けた場合，その贈与により取得した財産の価額を相続税の課税価格に加算しなければならないという規定。ただし，この財産の取得に際し，贈与税が課税されている場合には，これに相当する贈与税額は相続税額から控除される。
㉖
法律要件に該当する事実の存否を認定すること。まず事実認定を行い，認定した事実に対応する法規を適用して争いのある権利又は法律関係の存否を判断する。

-123-

第3章　贈与・譲渡に関する失敗・トラブル

えないが，お話合いになるケースも多い。筆者の税理士としての姿勢は，確証がない限り修正申告の勧奨㉗には応じていない。なぜならば親子であれば，基本的には愛情に基づく贈与の意思があったと考えることが，常識的な考えだからだ。

わが子をかわいいと思わない親は普通いない。お金のことで子供に苦労させたくないと思うのが親というものである。

3．事案の概要

あるサラリーマンの顧客の相談で，父が3年前に他界し，現在の心配事は近い将来の母親の相続とのことである。

父親の相続税の支払に窮し，相続後に母子それぞれと，父親が主催していた不動産貸付を行う会社所有の土地や借地権を整理したそうである。

その結果，相続税は何とか支払を終えたものの，子は母親に相当額の借入れを作ることになったそうだ。よくある話なのだが，母親が相続した土地の売却代金を，子に無利子で貸し付けた訳である。このままだと母親の相続時には，この貸付金だけで1億円を超える相続財産になってしまう。それが心配で何らかの解決策を求めて当事務所を訪れたのだ。

4．貸付金の贈与

まずは初歩的な対策として，その貸付金を毎年にわたり，何も対策をしなかった場合の相続税より負担の少ない範囲で贈与することを勧めた。

この相談者には，配偶者との間に子供が1人いるとのことであった。そこで，贈与税の最低税率は，200万円の課税財産に

㉗ 修正申告は税額を過少申告していた場合に，納税者が行う手続である。修正申告を行った後でその内容に間違っていたことがわかった場合でも，異議申立てや審査請求ができない。これに対し，更正は税務署等の課税庁が行う処分。処分に不服がある場合，異議申立てができる。そのため，税務当局は更正処分より修正申告を勧奨する傾向がある。

対し最低税率の10％であることを説明し，基礎控除額を加算した310万円までの贈与であれば，一人当たり年20万円の贈与税の負担で済むことを説明した。

㉘ 暦年課税における贈与税の基礎控除額，110万円のこと。

相談者本人と配偶者，及び子１人の計３人に対してこの贈与を行えば，毎年930万円が60万円の贈与税負担で貸付金の減額に貢献できることになる。これを10年も続ければ，9,300万円もの貸付金が600万円の贈与税の負担で減少する計算だ。このようなご相談に対しては，積極的な贈与を勧めるのが常だといえる。

この提案に相談者も一応は理解を示した。しかし，これでは結局10年贈与し続けても，現状よりも貸付金の額は減少するものの，貸付金そのものは消滅しない。

相談者は，折角相談に来たのに短期間での解決策がないことにがっかりした様子がありありだった。あまりの落胆ぶりに，相続税対策に魔法はないことも説明し，併せて冗談半分に「贈与契約書を締結して貸付金全額を一時に贈与するしかありませんね。税務署にバレなければ，７年で時効になりますよ」という発言をしてしまったのだ。

その際，前述「２．贈与に係る税務調査での指摘」でも述べた当事務所の姿勢，つまり確証がなければ基本的には修正申告には応じていない旨の考え方もお話している。

５．根本的に貸付金をゼロにする方法

しかし，これがいけなかった。贈与契約書さえ作れば贈与は成立するのか，７年で時効が完成するならすぐにでも10年くらい前の日付でその契約書を作成すると言い出す始末なのだ。

報酬は払うから，税務署を説得できるような贈与契約書を作

成してくれ，とまで…。税理士としてここまでやれば脱税に加担することになってしまう。もちろんお断りをしたが，あまりに食い下がるので，次に述べるように，税務署はそれほど甘くないことを認識させることも忘れなかった。

まず，父親の相続が３年前なのに，10年前の日付の贈与契約書では，その時点で信憑性が皆無であること。仮に契約書が適宜の日付で作成されたとしても，その日付を税務署は簡単には信用しないことを説明したのだ。贈与とは贈与者・受贈者双方にその認識があり，民法上はともかく，税務上は契約書等の書面の有無よりも 真実，実態の証明 ができなければ，後日必ず問題になると。

ここまで話し，相談者は諦めたかとも思ったのだが，一息ついてこう尋ねてきた。『先生，契約書の日付ってどうすれば証明できるのですか？』と。これに対して，法的には 公証人役場 での確定日付を取ることが，最も簡便で確実な方法であると回答した。

私のこの回答に，相談者は満足げな笑顔でこう言ったのだ。『わかりました。取るべき手立てはこれで決まりました。先生にお願いできないとなれば，贈与契約書は弁護士にでも作成して貰います。その上で確定日付を取り，７年待つことにします。もしこの間に母親の相続が起きたら，それはそれで仕方がありません。そんな贈与契約書はなかったことにして，正規の貸付金残高で相続税の申告をします。でも，７年経ったら時効は完成ですね。そのとき，母親の相続税申告は，先生にお願いしますから，調査の時は修正に応じることなく頑張ってください。』

㉙ 居住用財産を売却した場合，3,000万円の特別控除があることは，広く知られた特例である。実務では居住用であることを証明するため，住民票を申告書に添付することが義務付けられている。しかし，何らかの事情で住民票記載の住所に住んでいないことも，実態としてはしばしば散見される。この場合には，真実の居住の事実を証明できるものがあれば，住民票と異なっていても構わないことになっている。税務は実質課税である。

㉚ 公証役場ともいうが，公正証書の作成，私文書の認証，確定日付の付与等を行う官公庁である。各法務局が所管し，公証人が執務する。公証人には定年退職した検事や裁判官等も多い。官公庁ではあるが，公証人独立採算制がとられている点が一般の官公庁と異なる特徴である。なお，公証役場は全国に約300ヵ所存在する。

6．税理士としての今後の対応

　これではまるで，税理士が贈与契約書と確定日付を活用して，脱税指南でもしたように思われても仕方がない。

　この相談者はよほど回答に満足したようである。それ以降は特段の契約も業務もないのに，盆暮れの付届けや年賀状を頂くが，そのつど相続の申告時は宜しくとの一言が添えてある。

　税理士としては，贈与税の時効が完成していない時点での相続であれば，通常の業務以外の何物でもない。喜んでお手伝いをさせて頂くつもりである。

　しかし，贈与税の時効が完成して以降の申告に際しては，お手伝いをしないことが最善の策であろうと考えている。現実には具体的な作業を何もしていないし，責任を問われることはないかも知れない。

　ただ，この相談者のように，悪意を持って二段構えで相続税の申告に臨まれた場合，税務署はどのように考えるだろう。二次相続にあたっては，一次相続で相続人が相続した財産の使途を必ず確認するものである。預金が減少したとすればその使途，不動産が売却されていれば税引き後の資金が何に化体したのかは，当然のこととして確認の対象となる。

　また，<u>一次相続時の納税をどのような形で行ったのか</u>，質問されることもあるだろう。その時に母親から一時用立てて貰ったとなれば，まさしく貸付金として二次相続時には相続財産に計上されるべきもの。

　それを贈与税の時効完成を狙い，確定日付までとっておけば，素人が勝手に企てたものとは思わない。税理士の入れ知恵というか関与があったと見るのが素直な考え方だろう。

　税務調査ともなれば，税理士と顧客がいつからどのような形

㉛
夫婦は比較的年齢が近いことが多いので，配偶者の一方の相続を一時相続，他方の相続を二次相続といい，夫婦の相続を連続してとらえる考え方の表れ。

で知り合い，申告業務を手伝うようになったかを質問されることは多い。

　何を聞かれても，税理士として知らぬ存ぜぬを繰り返すこともできようが，資産税のプロの税理士がすることでもないだろう。

　顧客に対し，できる限り助けて差し上げたいとは常々思っているが，それが仇となりついついサービス精神を発揮し過ぎたということであろう。このような状況になった以上，さわらぬ神にたたりなしと心得て，お手伝いを控えると共に，今後の対応の仕方を大いに反省した事案である。

第4章 法人に関する失敗・トラブル

　直接に相続税対策となるものではないが，将来の相続税をにらんで法人を活用することは，しばしば行われることである。その理由の一つは，個人所得の分散であり，その結果の累進課税の緩和である。平成27年以降は所得税，住民税合計の最高税率が55％となっている。それを法人へ転嫁させることにより，個人の税負担を相当程度軽減できるからである。

　また，法人を活用することにより，個人では限界のあった費用化を，一定程度は可能にすることも理由の一つにはなろう。特に所得税における不動産所得では，収入に対する経費がいわゆる"ヒモ付き"と呼ばれるように，非常に厳格な扱いとなっている。

　そのような事情から，個人の所得を法人へ移転させ，上記の法人における効果を享受するためには，所有型法人の活用が有効である。しかし，この所有型法人を活用しても，これで全てが解決できる訳ではない。この手法が有効に機能しない場合もあるからだ。

　詳しくは本文をご覧頂きたいが，私の勉強不足からその機能しない場合については，手をこまねいていた。資産税を手掛ける以上は，税法はもとより周辺の知識について，常にアップ・トゥー・デートしていないといけなかったのだ。それを怠ったばかりに顧客に迷惑をかけてしまった。

　また，前章にも似たような事例があったが，税理士として顧客を満足させよう，喜ばせようとするサービス精神も，大切ではあるがそのさじ加減は難しい。決算対策もやり過ぎてはいけないし，知恵がなさ過ぎてもお役に立てない。

01 信託でこれだけはできたのに，何もせずに放置した事例

introduction

　税理士にとって，勉強不足というのは恐ろしい。というより，顧客に対して責務を果たしていないことになるのではないか。当時，信託についての知識がなかったために，顧客に何のアドバイスもできなかった事例である。

　ただ，継続的にお手伝いをしている顧問客については，その後フォローができていることが唯一の救いではある。毎年変わる税法のみならず，常に最新の情報に接し，創意工夫の余地がないかを探っていかなければならないのだろう。

　税法の知識だけでは，資産税はとても極められないことを改めて気付かされた事例である。

1．所有型法人という考え方とその限界

　個人で賃貸建物からの不動産所得が多額にある場合，土地はそのままで建物だけを法人に移転させる方法を，今まで数多く実行してきた。建物が法人所有となることで，その収入を複数の親族に役員報酬として支給し，個人の所得の分散を図ることができるからである。

　この手法，新規に建物を建築する場合，法人名義で建築すればいいのだが，既存の賃貸物件を売却することによっても適用ができる。

　"所有型法人"と勝手に命名しているが，いくつかの論点がある。ここでは概略だけしか触れられないが，詳しくは拙著『相続財産は法人化で残しなさい』（幻冬舎）を参照されたい。

　既存の賃貸建物を法人へ移転する場合，売買という形態をと

る。若干の例外はあるものの，基本的には簿価を時価と見なして売買を行っている。簿価による売買のため，売却益が生じることもなく移転が可能である点がこの手法のミソである。

簿価が時価であるかという疑念を持たれる向きもあるだろうが，20年以上の実務経験の中で当局から否認された例は1例もなく，この点についての問題はないだろう。

なお，建物の移転に際し借地権が発生することになるが，これについては「土地の無償返還に関する届出書」を提出し，権利金の認定課税は避けている。ただ，建物を法人へ移転しても，不動産所得がゼロになる訳ではない。土地については，使用貸借でなく賃貸借を前提としているため，相応の地代の授受が①必要となるためである。使用貸借も場合によっては有効だろうが，基本的には相続を前提に考えるため，自用地の80％評価を狙って賃貸借の形式をとるのだ。

ただ，この所有型法人はいかなる場合でも有効なわけではない。例えば，相続が間近に想定される場合が問題である。簿価での売買のため，売買の直後に相続が開始されると，相続財産は建物ではなく現預金又は売却債権となってしまう。法人への移転がなければ相続財産は賃貸建物となるが，この場合の評価は一般的にはかなり低額の固定資産税評価額のしかも7割相当である。したがって，この両者の比較であまりに現預金や売却債権が大きい場合には，相続が実際に開始されるまで待った方が良いであろう。

① 税務上の使用貸借を避けることが狙いで，幾ばくかの地代を払うこと。世間一般の相場で地代を考えると，固定資産税年額の2.5〜3.0倍程度が適当であると考える。

2．事案の概要

もう一つ，簿価売買をやりたくてもできない場合があるのだ。それがこれからお話する事例であるが，一言でいえば，簿価よ

りも個人の建物に係る借入金が大きい場合である。

　簿価が7,000万円，個人の売買対象の建物に係る借入残金が1億円であったとする。簿価売買なので売買価額は7,000万円となる。法人は何の実績もない設立したばかりの存在だ。本来ならこんな会社に融資してくれる銀行などないが，地主である個人の信用と土地という担保提供の協力で，法人は7,000万円の融資を受けることができる。

　この7,000万円の借入で法人は個人から建物を取得。売買代金を手にした個人は売却と同時に銀行に返済を行う。しかし，個人の借入残額は1億円である。この返済によっても，なお3,000万円の借入が残ってしまう。

　個人は収益を生む建物を売却したため，収入は法人からの地代だけとなる。毎月の地代収入だけでは銀行への返済はできない。この結果，毎月の返済も困難となり，法人から資金を流用しても，解決策は見い出せない状態になってしまう。この方法で銀行への返済は無事に行っても，出口の見えない債務超過の状態から抜け出せない。

　つまり，このケースでは所有型法人は機能せず，「何もできません」という回答をせざるを得なかったのだ。

3．所有型法人のもう一つの限界

　つまり，本事案のように，簿価よりも借入金残額の方が大きい場合が所有型法人に建物を移転できないもう一つの限界なのだ。

　法人が銀行から借りられるのは，基本的には建物の取得資金である7,000万円となるだろう。それだけでは，個人はまだ3,000万円の借入金が残ってしまう。

仮に銀行が法人に対し1億円を融資し、差額の3,000万円を法人が個人に同条件で融資したとしよう。他の収入から仮に3,000万円を返済できるとしても、これに係る借入金利息は、何らの必要経費にも算入されない。

したがって、簿価よりも借入残額が大きい場合には、売買の時点で差額の3,000万円を一括で銀行に返済できる場合だけが所有型法人への建物売却が実行可能なケースになる。

さらにいえば、これができない場合には、「もはや所有型法人は何らの使い道もない」ということになる。これが限界だったのである。折角相談されても、借入が多い場合には、対応策がないままお引き取りを頂いていたのである。思い返せば、今まで何件同種のご相談をお断りしたのか、無念の思いで一杯である。

4．"信託"という考え方

この限界に対し、満額回答にはならないけれど、今なら最低限ここまでならできるという提案をしている。それは"信託"の活用である。

「信託法」という法律が平成18年12月15日に公布されている。それまでの旧信託法が大正11年の制定であり、何と80年もの長きにわたって改正されなかった法律であり、その意味では歴史的な改正でもあったのだ。

この信託法は実務で無限の利用可能性を秘めたものである。にもかかわらず、筆者はその存在は知りながら、平成24年まで全くこの法律に向き合うことをしてこなかった。そのため、前述の所有型法人の限界に対し、何らの打つ手もなかったのが実情である。

②
旧信託法は1921年に制定されて以来、80年余りにわたり実質的な改正が行われなかった。しかし、社会・経済情勢の変化に伴い、民事信託のニーズも高まったため、2006年に大改正が行われた。契約、遺言、又は一定の事項を記載した書面等による意思表示により、特定の者（受託者）が一定の目的に従い財産の管理又は処分及びその他の目的の達成のために、必要な行為をすべきものとすることについて規定する法律である。

"信託"というと，大半の方は信託銀行等が行う金銭信託，投資信託を思い浮かべるのではないだろうか。信託を大きく分けると，その信託銀行等が営利目的で行う 商事信託と，営利目的ではなく親族間で行う 民事信託とに分けられるだろう。前者は不特定多数の人を相手に行うため，免許や登録が必要である。それに対し，民事信託は家族のために行う個人的なものであり，免許も登録も必要としない。

信託とは，自分の財産を特定の目的のために預ける仕組みをいうが，あくまで財産管理の一手法であり，本人の"想い"を法的な形で安心して未来に繋げる仕組みであるということができるだろう。

5．具体的な適用方法

それでは，この信託を賃貸物件に対し，どのように適用していくのだろうか。その前に信託について課税上の注意点を述べておこう。

信託での登場人物は3者。財産を預ける人，これを『委託者』という。その財産を預かり，管理・運用する人が『受託者』。そして，そこから生まれる利益を享受する人が『受益者』である。

ここで利益を享受するのが受益者であるといったが，本来的にはこの信託財産は委託者の物である。受益者を誰にするかは委託者に選択権があるが，委託者以外の者を受益者にすれば，受益者には贈与税や法人税が課税されることになる。したがって，委託者＝受益者とし，委託者がその利益について課税対象となるのが自然な流れではある。

前述の例で信託を適用するとすれば，まずは個人の所有物で

③
不特定多数の者を相手に継続的に営業として行う信託のこと。商事信託は信託業法若しくは金融機関ノ信託業務ノ兼営等ニ関スル法律（兼営法）の適用を受けるため，これらの法令による免許が必要である。これとは別に商行為ではなく無償にて引き受けられた信託を非営業信託又は民事信託という（信託法35）が，今日わが国では商事信託が圧倒的割合を占めている。

④
商事信託に対し，商行為ではなく無償で引き受けられた信託を非営業信託又は民事信託という。特定のものが親族等に対して行うことが多いことから，家族信託ともいわれる。

ある賃貸建物を法人に信託する。受託者となった法人は，委託者に代わり信託目的を遂行するための全ての行為を行うことができるのだ。

　つまり，テナントの選択から家賃の設定，大修繕の実行の可否等あらゆる行為を，従前の所有者である委託者の同意を得ることなく，自由な裁量で行える訳である。目的次第では建物の売買まで，その範囲に入れることさえ可能である。

　このような大きな権限を与えられるのが信託である。つまり，信託の目的にさえ抵触しなければ，ほぼ何でもできることになるのだ。これだけのことを受託者は委託者のために，委託者に代わって行うのだ。

　民事信託のように，家族のために行う信託でも，信託報酬を支払ってはいけないという規定はない。民事信託は，商事信託と違って不特定多数を相手に，営利を目的として行うものでは決してない。しかし，そのことと委託者である個人が，受託者である法人に信託報酬を支払うこととは別の次元の問題なのである。

　つまり，委託者から見ると，この 信託報酬こそが賃貸収入に対する必要経費となり，利益を圧縮することができるのである。所有型法人のように，賃貸収入を全て法人に移し，劇的に所得を減少させることにはつながらない。しかし，従来は簿価より借入残額が大きい場合，何もできなかったのが，信託を利用すれば，少なくとも信託報酬部分は所得減少に貢献ができることになる。

6．適正な信託報酬

　結論から申し上げれば，収入に対する適正な料率が規定され

⑤
受託者が信託行為をすることにより，委託者から得る報酬。

ているわけではない。同族会社の行為計算否認の規定に抵触さえしなければ、同族関係者間で決めればいいだけだろう。しかし、実務ではまさにその部分が気になるところで、それに触れないわけにはいかない。

　あくまでこれは私見であるが、収入に対し20％程度は認められてしかるべきだと考えている。その根拠であるが、古い話で恐縮だが、かつて税務当局が同族関係者間での過大な管理会社の 管理料率を否認した時にさかのぼる。
　⑥

　当時、個人の賃貸不動産を管理する名目で、同族会社である管理会社を設立。中には収入の半分を超える料率の管理料を支払い、相当額の不動産所得を圧縮するケースが頻発したのだ。そこで、当局は実際の管理の実態を調査・検討し、その料率の実態把握をした。その結果が収入の確か十数％だったと記憶しているが、余裕率を勘案して20％までの管理料を認める方針を出していた時期がある。

　当時の管理とは、中には本当に建物の清掃から小修繕、保守・点検、賃料の徴収等々相当程度の管理をやっていたものもあろうが、圧倒的多数としては家賃の徴収、管理程度のものである。

　それでも20％という数字を算出した経緯もあるが、"信託"となればこれとはかなり趣を異にする。賃貸建物を信託した場合、形式的には所有権は受託者名義になる。そして、前述のとおり、テナントの選択から家賃の設定、大修繕の実行の可否等あらゆる行為を、従前の所有者である委託者の同意を得ることなく行うことになるのだ。これだけのことを委託者に代わってやるとすれば、名目的な管理でさえ20％の料率を認めてきた当局である。否認まではできないと筆者は考えているが、これについての税務調査までは経験していないので、"正解"を述

⑥
管理業務を行うことにより、その対価として収入に対して一定の管理料を収受することになるが、その料率のこと。

べることができないのは，甚だ遺憾である。

7．信託の可能性

　本来，信託とは節税の目的のために想定されたものではない。筆者の事務所でも，最も多い利用の仕方は，認知症の症状が現れる前に配偶者や子に財産を信託し，判断能力がなくなったときに備える方法である。当初は受益者を委託者にしておくため，課税関係には全く変更はないが，信託契約の中で死後の受益権者を指定しておけば，遺言と同様の効果まで生じさせることが可能になる。

　さらには，相続後の実態を生前に自らの目で確認しておくことにもつながるのだ。

　ここでは信託を管理会社的に利用することで，所有型法人の限界を一つ解決することを提案したが，信託は今後益々その利用方法が工夫されていくことと期待される制度である。

02 疑念の残る決算対策の指導

introduction

　税理士としては，顧客が決算期を迎えれば，その税負担は気になるところ。赤字であったり，逆に黒字でも欠損金で通算できたりすればよいが，そうではない場合，事前に税負担について顧客と相談するのが通常であろう。そして，税負担を少しでも減らすため，あの手この手で決算対策をすることも多い。

　失敗談といえるかどうかはわからないが，少し微妙な問題のある決算対策をした事例である。実に単純な対策であり，一時期数社に対してこの手の決算対策を行っていたが，実務において多くの疑問を感じたので，現在は顧客に勧めてはいない。こんな対策をお勧めしていいのかどうか，一緒にお考え頂ければありがたいと考える。

1．所有型法人の特徴

　事案の紹介に入る前に，これからお話する決算対策が有効な業種について触れておきたい。一般的に適用しやすい業種は，いわゆる所有型法人となる。

　まず所有型法人とは，土地は地主である個人のものであるが，その土地上にある賃貸建物については，法人の所有になっている法人をいう。

　所有型法人は，建物からの賃貸収入が売上となるが，一方で 経費となる項目は限られている。通常の状態であれば収入，
⑦
経費ともに大きな変動はない業種であるため，変動があるとすれば， 大規模な修繕をした場合，及び空室の状態が続き，家
⑧
賃収入が激減するような場合だろう。

　したがって，この種の法人は期首に収益の予測が立てやすく，

⑦
損金算入が認められる項目で，修繕費，減価償却費，租税公課等々の項目。

⑧
金額的，規模的，期間的，機能的に大がかりな修繕で，建物全体の塗装工事，屋上部分の全面的な水漏れ防止工事，配管全体の交換工事等。

-139-

第4章 法人に関する失敗・トラブル

対策としては，収益予測に応じて役員報酬を決めれば済んでしまうケースが多いのだ。ただ，逆にその予測に多額の狂いがあった場合，できる決算対策はどうしても限られてしまう。

2．事案の概要

ある所有型法人が決算期を迎えた。予定していた大規模修繕が期末までに完了せず，中間金の支払までしかできない状況となってしまったのだ。

本来，この修繕工事は，<u>資本的支出</u>となる部分も一部あったが，大半が修繕費として計上できることが予定されていたのである。期末時点で工事が完了していない以上，経費としての計上は難しい。このままでは大幅な利益が見込まれる状況になってしまった。

一般的な決算対策については後述するが，当社に適用できる状況ではなかった。そのため，従来は地主に対して毎月月末に支払っていた地代を，期末に1年間分を一括で前払する契約に条件の変更をしたのだ。

これにより，今期に限っては，総額2年分の地代が経費計上できることになる。もちろん，決算対策になった部分は，前払分に限定される。そして，翌期以降は支払った前払分が通常どおり経費となるため，あくまでも決算対策の効果は今期だけのものとなる。

なお，地代の算定については固定資産税及び都市計画税の合計額をもとに，これに<u>適宜の倍率</u>を乗じて算出している。年払方式への変更と併せて，この料率をアップさせることも検討した。しかし，個人の不動産所得が増大してしまうため，これは断念せざるを得なかった。

⑨
法人税基本通達7－8－1によれば，法人がその有する固定資産の修理，改良等のために支出した金額のうち当該固定資産の価値を高め，又はその耐久性を増すこととなると認められる部分に対応する金額が資本的支出となるのであるから，例えば次に掲げるような金額は，原則として資本的支出に該当する。
(1)建物の避難階段の取付等物理的に付加した部分に係る費用の額
(2)用途変更のための模様替え等改造又は改装に直接要した費用の額
(3)機械の部品を特に品質又は性能の高いものに取り替えた場合のその取替えに要した費用の額のうち通常の取替えの場合にその取替えに要すると認められる費用の額を超える部分の金額
とされている。
⑩
通常は2.5～3.0倍。

－140－

以上のような状況から，今期だけの効果しか見込めない対策ではあるが，とりあえず緊急避難的な決算対策として，地代の支払方式を年払一括前払方式へ改訂した。

　なお，この方式によれば，地主である個人としても期間対応経理をすれば単なる前受金であり，不動産所得を増大させることもない。結果として年払方式への変更だけで，約1,000万円弱の利益の圧縮を図ることができたのだ。

3．法人税基本通達の考え方

　言うまでもなく，会計の基本的な考え方としては，収益も費用もその発生した期間に適正に期間帰属をさせ，最終的な確定数値を算出することになっている。したがって，期末に前払費用があれば，当期の費用から除外し，翌期以降の期間に対応させるべきである。

　ただし，法人税基本通達2－2－14（短期の前払費用）では，次のように取り扱っている。

> 前払費用の額でその支払った日から1年以内に提供を受ける役務に係るものを支払った場合において，その支払った額に相当する金額を継続してその支払った日の属する事業年度の損金の額に算入している時は，これを認める。

　つまり，短期の前払費用として，条件付で支出した期に全額を経費とすることを認めるというものである。その条件を分解して考えると，
　① 一定の契約に基づき継続的に役務の提供を受けるための支出であること
　② 役務の提供期間が1年以内のものに対する支出であるこ

と

③　毎期継続して処理すること
④　その費用が収益の計上と厳密に対応させる必要がないものであること

等となるであろう。

　なお、上記通達も注書きで収益の計上と対応させる必要がある前払利息については、原則どおりの期間対応を要求している。
　しばしばその例として挙げられるのは、借入資金を利用しての有価証券や投資商品等を購入するケースである。その場合の借入利息については、運用資産から生じる収益との対応を考慮する必要があるが、このような場合にまで、短期前払費用としての損金性を認めてはいない。

4．前払金と前払費用との相違

　ここで確認のため、前払金と前払費用との相違について触れておきたい。前払費用とは、あくまで一定の契約に基づき、継続的に役務の提供を受けることが前提である。つまり、<u>サービスの等質性・等量性</u>が求められことになる。⑪

　これに対し、新聞・雑誌への広告掲載料、旅費の前払等は特定の役務提供のためのものとなっている。したがって、継続的な役務提供ではないので前払金とされ、前払費用と区別されている訳だ。税理士や弁護士への顧問料も等質、等量ではないので、前払分があれば前払金となる。

　余談になるが、税理士の顧問料やその他の報酬は、本来は毎月等質、等量のサービスの提供ではない。ノウハウや知識・経験に基づくアドバイスを提供しているはずだからである。したがって、前払費用には該当しないが、本当にそこまでの業務を

⑪
提供するサービスが契約等により、量的にも質的にも同じものであること。

提供しているか，と問われると自信がなくなる税理士の方々もいるのかも知れない。

余計なお世話であるが，決まりきった業務しか提供していないと，理論的には前月末に頂く翌月分の顧問料は前払費用となってしまうがいかがであろうか。

5．一般的な決算対策の一例

実は，所有型法人に限らず，一般的にできる簡易な決算対策をこの顧客にも提案したのだ。代表的なものとして，民間の保険会社の 生命保険や独立行政法人である中小企業基盤整備機構⑫の 倒産防止共済への加入がある。⑬

前者の生命保険では，逓増型の定期保険が筆頭に挙げられるだろう。これは数年後の解約を前提に保険料を支払い，その保険料支払時に一定額を損金とすることによって，利益の圧縮を図ろうとするものである。

もっとも，これは解約を前提としており，数年後の 解約返戻金のピーク時に解約をするため，その時点では返戻金相当が収入となってしまう。その時点でのさらなる対策を考えておかないと，課税されるリスクはある。言ってみれば，とりあえずの決算対策なのである。

また，後者の倒産防止共済は，国の独立行政法人中小企業基盤整備機構が行っているもので，その意味では信頼のできる制度である。

ただ，これも前述の逓増定期の生命保険と同様，掛け金の支払時に損金経理ができるため，決算対策として利用できるものである。そして，任意に解約はできるのだが，その時点で収益となるため，解約時点での対策が必要で，逓増定期と同じ問題

⑫ 法人の決算対策に利用する代表的なものとして，逓増定期保険が挙げられる。これは契約後，保険期間満了までに保険金額が契約当初の金額から数倍まで増加する定期保険。満期保険金がない掛け捨て保険だが，解約返戻率が契約後早い段階で高率になることが逓増定期保険の特徴。これを活かし，法人の財務強化対策や役員退職金の準備として活用されることが非常に多い。

⑬ 独立行政法人中小企業基盤整備機構が，引続き1年以上経営している中小企業を対象に行う公的な共済制度。中小企業の連鎖倒産を防ぐために設けられた共済で，取引先が倒産して損失を被った場合には，積立てた金額の最大10倍（最高8000万円）を「無利子・無担保・保証人不要」で借りることができる。掛金は，最大で年間240万円まで積立てることができ（上限800万円），掛金が全額損金になるため，企業の決算対策に活用されることも多い。

⑭ 企業の任意の時期に解約できるが，解約時期により返戻金の額が異なる。そのため，解約返戻金が最も多額になる時期を見定めておくことが重要である。ただし，解約金は益金になるため，それに合わせて損金算入できる項目を考えておくことが決算対策として必要。

第4章 法人に関する失敗・トラブル

を抱えることになる。

ただし，解約の時期は生命保険と異なり，返戻金のピークのような制限がないため使い勝手はいいだろう。最大のネックは，経費とできる金額が最大で年間240万円であり，積立総額が800万円という制限があることであろう。

顧客にこれらの制度の活用をお勧めしたのだが，今期はよいとしても，来期以降継続して掛け続けることに資金繰り上の不安があるという理由から採用されなかった。

6．地代水準の見直し

地代の見直しによる対策，つまり当期から地代を引き上げて経費を増額させることも検討してみた。個人と法人間で地代をいくらにするかについて，具体的な規定はない。基本はあくまでその場所における相場，いわゆる時価であろう。

時価と著しく乖離がある場合には，贈与税や受贈益，寄附金等の課税関係が生じることになるだけである。

基本的には，当事務所では固定資産税及び都市計画税の年税額の合計額の2.5～3.0倍を目安に地代の設定をしている。概ねの目安であるが，これで税務署から税務上は使用貸借であるとか，前述の時価相場から著しく乖離しているといった指摘を受けることはない。

なぜなら，厳然たる基準ではないが，<u>底地の物納</u>をする場合，この水準が求められている。もちろん，第一義的には<u>周辺相場の地代</u>が求められるが，必ずしもそれが判然としない場合，この地代水準であれば概ね適正と見なされているようだ。

ただし，諸般の事情から極端に高い地代を支払いたいケースにおいては，あえて相当の地代である土地の更地価額の<u>6％</u>

⑮ 土地を物納するにあたって，借地人が存在する状態で，底地だけを物納すること。
⑯ 物納対象地の周辺の，他の地主が収受している地代相場。
⑰ 権利金を収受する慣行があるにもかかわらず権利金を収受しないときには，原則として，権利金の認定課税が行われる。しかし，権利金の収受に代えて相当の地代を収受しているときは，権利金の認定課税は行われない。ここで相当の地代の額は，原則として，その土地の更地価額の概ね年6％程度の金額であるが，土地の更地価額とは，その土地の時価をいい，公示価格や相続税評価額又はその評価額の過去3年間の平均額を用いることも認められている。

-144-

基準を採用することもある。

　現在のような状況下で相当の地代方式での支払は，通常は意味のある方策とは考えられない。しかし，法人の都合で多額の地代支払が有利で，なおかつ個人の所得税負担もそれ程でない場合には，一定期間に限定して相当の地代を支払うことも有用だろう。

　本事案のケースでは，底地を所有する個人の所得税負担が大きく，地代の増額は検討の余地がなかった。

7．通達の注意書きと重要性の判断

　さて，話は地代の前払に戻るが，形式的，性格的には全く問題はなかろう。ただ，一つだけ前述の通達で注意すべき点がある。前述3．「④　その費用が収益の計上と厳密に対応させる必要がないものであること」の部分がそれで，通達の注書きに照らしてどう考えるかを，確実なものにしておかなければならない。

　今問題にしている法人は所有型法人で，「支払うべき地代は受け取る家賃と対応させる必要がない」と断定できるかという問題である。

　通達の注書きにあるような，「借入資金を利用して有価証券等を購入した場合の考え方をされないか」との疑問である。

　もし疑問が残り，断定まではできないとなれば，実務では最終的にはその重要性が問われることことになるだろう。

　この重要性にも色々な考え方があり，それこそ現実には議論百出である。費用を支出する法人にとって，① 原価要素となるもの，② 重要な営業費用となるものは対象外とする考え方が一つ。

⑱
原価要素とは，原価の成立に必要な条件，又は原価を構成する一つ一つのもので，経営における一定の給付に関わり消費された財や用役を貨幣価値で表したもの。なお，『原価計算基準』によれば，『原価要素とは，原価計算の三つの形態別分類，材料費・労務費・経費の三つの「要素」のことである。』とされている。

⑲
企業ごとに"重要性"は異なるが，その企業の中で政策的に重要な費目のこと。

また，ズバリ金額的な判断だけ，との考え方もあるだろう。実際に問題になるのは税務調査においてであるが，このことで指摘を受けた経験はない。というより正確には，この手の決算対策を施した会社の税務調査を受けてはいない。

　そのため，その是非についての結論は申し上げられない。しかし，金額的なものだけで判断するのは，理論的な根拠に乏しいのではないだろうか。結論としては，甚だ税務上否認のリスクのある決算対策である。

　そうだとすると，このような疑問が残る決算対策は使うべきではないだろう。

　税務調査で指摘された場合，誤った指導をしたことになるが，税理士として詰めが甘かったことは否めない。難しい決算対策ではなくても，というより，本事案のような当たり前の対策であればある程，税務上の細部を検証した上で提案をしなければならなかったという反省の事案である。

03 気を付けたい『等価交換』の落とし穴

introduction

　『等価交換』という言葉については，今ではすっかり市民権を得たものといっていいだろう。土地活用の一つとして，有用な手法でもある。しかし，手法としては優れていても，重要な税務上の問題点を含んでいる。安易な場当たり的な節税に目がくらんでしまうと，とんだ落とし穴が待っているのだ。

　この事案，実は筆者自身の失敗例ではない。しかし，他の税理士の指導のもと，等価交換を行った数多くの顧客から同じご質問を受けた経験が何度もあるのだ。これからお話する方法で常に必ず解決できるわけではない。しかし，等価交換にまつわる問題点を認識頂くため，お読み頂ければ有り難い。

　なお，誤解のないようにもう一度申し上げるが，等価交換自体は優れた土地活用の一手法である。ただ，税務上は注意すべき点があることを，税理士としては忘れてはならない。

1. 等価交換の基本的な考え方

　まずは等価交換の仕組みから確認をしておこう。地主が持っている土地の活用として賃貸物件を建てようとすると，莫大な建築資金が必要となるだろう。通常はその建築資金を借入でまかなうことになるだろうが，建築資金が不足していても，資金なしで建物を建築できる仕組みが等価交換だといっていい。

　ただし，無料で建物を建ててくれるお人好しが世の中にいる筈もない。土地の一部をディベロッパーに売却し，そのお金で，建物代金を支払い，同じ敷地に共同で建物を建てるのだ。一棟の建物を建築し，ディベロッパーと建物をシェアすると考えればいいだろう。ディベロッパーとの共同作業で事業を進める方

法で，これなら資金の心配はいらない。

　ここで，まずはこの手法を税務の観点から考えてみよう。土地の一部を売却し，そのお金で建物を建てたことになるので，現金は全く動いていない。土地が建物に変わっただけの話だ。しかし，たとえお金が動いていなくても，税務は土地の売却に着目する。先祖伝来の土地を売却したのだ。昔は100万円の土地が，今の貨幣価値では5億円だとしよう。地主分の建物建築費が2億5,000万円なら，土地の半分を売却し，その資金が建物になったと考える。

　原価50万円の土地を2億5,000万円で売却し，その2億5,000万円で建物を建築したと考えるのが税務なのだ。つまり，この土地の売却で2億4,950万円が儲かったと考える訳である。もとより，そのお金で何を買っても，そんなことは税務では与り知らぬ話なのである。土地を5年超保有していれば，単純にこの売却益に対し，20％強の分離課税の税金が掛かるだけの話だ。

2．税務の原則を無理やり曲げた特例

　「資金が要らずに建物が建てられる」，こんな良い手法があると喜んでも，結局20％強の税金を用意するのでは，その分建物を取得できる面積は減ってしまう。そこで税務の原則を無理やり曲げて，特例が用意された。一定の要件を満たした場合には，お金が動いていない事実に着目し，その時点では税金を掛けないことにしたのだ。

　この特例を適用するための詳細な要件は省略するが，概略としては，①土地が東京，大阪等一定規模以上の都市にあり，②売却した土地等と同一敷地内に，③3階以上の耐火構造建物を

建築し，④建物全体の2分の1以上が住宅であること等となっている。決して難しい条件ではないので，使い勝手はいいだろう。

この例では土地の半分が建物に変わっているが，その結果，相続税の評価は激減するというオマケが付いてくる。これもここでは詳述はしないが，路線価による土地の評価より，固定資産税評価額に基づく建物評価が有利になっているためである。ことほど左様に良いこと尽くめの特例であるが，建築後にボディーブローのように，ジワジワと重税感が効いてくるのである。

先の例では建物代金は2億5,000万円である。本来，賃貸建物であれば，この金額を基に建物の 減価償却を行っていくはずである。しかし，土地の売却時に税金を掛けない代わり，この減価償却のもとになる金額を，売却前の土地の値段に抑えられてしまうのだ。つまり，50万円しか減価償却ができないのである。

その結果，個人の不動産所得の経費の中で，大きな割合を占める減価償却費がほとんど0円の状態になってしまう。経費がないということは，利益が過大で税負担が増えることを意味する。しかも，これが何十年の長期にわたり，累進課税で継続することになるのだ。

3．事案の概要

工作機械を製造する法人と，社長個人の自宅とが隣接し，かなり広大な敷地がそれぞれ法人所有，個人所有となっていた。

立地が都心に近く，昨今の状況として製造業を行う場所として相応しくなくなりつつあり，また，業況自体も思わしくな

⑳
減価償却資産の取得に要した金額を一定の方法によって各年分の必要経費として配分していく手続。建物，建物附属設備，機械装置，器具備品，車両運搬具などの資産は，一般的には時の経過等によってその価値が減っていくため，減価償却資産というが，その取得に要した金額は，取得した時に全額必要経費になる訳ではない。その資産の使用可能期間の全期間にわたり分割して必要経費としていくべきもので，税務上はこの使用可能期間に当たるものとして，法定耐用年数が財務省令の別表に定められている。

かった。そこで製造業を廃止すると共に，個人所有の自宅と併せ，等価交換の手法でディベロッパーと共同でマンションを建設することになった。

　それに先立つこと数年前，バブル期であったが法人は郊外に貸工場の敷地及び建物を取得し賃貸を継続していた。これら法人及び個人の賃貸収支は次頁表のとおりである。

　この表をご覧頂くとおわかりのように，法人は③の収支が赤字で約180万円，個人は約800万円の黒字を計上している。注目してほしいのは，等価交換マンションの減価償却費である。賃貸収入が法人，個人それぞれに1,000万円，2,000万円を超えているにもかかわらず，僅か60万円，20万円という状況なのである。

　さらに驚愕の事実が発見された。それは，法人が賃貸している貸工場の経費がかさみ，それを補う目的で個人のマンション事業から収入の50％を超える"管理料"1,200万円を徴収している事実である。本章「01」所有型法人の解説部分で触れたが，現在はこれ程高率の同族関係者間での管理料は認められていない。それが継続できていたのは，単に税務署がそれを見逃し，放置していたからに過ぎない。

　これは当初，法人の資金繰りが悪過ぎることから，関与税理士が故意に高率の管理料率を設定し，法人の収支を改善する指導を行ったものであったのだ。これをしても法人の資金繰りは悪く，個人がそれを補填していた。結果，ご相談時点で約7,000万円を法人に対し貸し付けていた。一方で本来は個人で負担すべき経費を法人で負担しているものが400万円あり，これらを考慮しての結果なのである。

　もし，これが当局の目に留まれば必ず否認され，その結果は表の最下段の数字，つまり法人は約980万円の赤字，個人は約

1,600万円の黒字となる。法人と個人の双方を合計すれば，減価償却費部分を加算して収支は1,000万円を超え，実際にはソコソコの生活ができるレベルにはなる。しかし，法人単体で考えると，その時点でも毎年赤字で累積の損失が膨らみ，個人の援助なしには成り立たない状況だった。そして，個人の方も現状を改善すべく相談に訪れたのが本事例である。

法人・個人の収支状況

（単位：千円）

	項　目	法　人	個　人	合　計
収入	等価交換マンション	10,471	20,846	31,317
	貸工場	5,812	─	5,812
	管理収入	12,000	480	12,480
	計①	28,283	21,326	49,609
諸経費	減価償却費　等価交換マンション	625	228	853
	減価償却費　その他	3,349	155	3,504
	管理費	─	12,000	12,000
	その他経費	26,140	1,000	27,140
	計②	30,114	13,383	43,497
	差引利益③（①-②）	▲1,831	7,943	6,112
	否認管理費④	▲12,000	12,000	0
	否認負担経費⑤	4,000	▲4,000	0
	実際利益③+④+⑤	▲9,831	15,943	6,112

4．特例を使わずに等価交換

　本来はどうすればよかったのだろうか。今さら過去のことを嘆いてみても仕方がないが，優れた等価交換の手法は活用しつつ，税務上の特例は適用しなければ良かったのだ。つまり，税務の上では単純に土地を売却し，土地売却益についてはその時

点で課税関係を終了させるべきだったのだ。法人は当時は約40％の負担はあるものの，個人は現在でも20％強の税金を支払うことで終了する。そうすれば，減価償却は本来の建物の取得価額がスタートとなり，不動産所得も激減である。

　法人と個人で若干取扱いに差はある。しかし，少なくとも個人は売却時に，一度だけ20％強の税金を覚悟すれば，平成27年以降の最大55％強の個人の税負担であっても，大幅に税負担は軽減できる。「土地の売却時に税金は1円も掛りませんよ」という甘い罠に嵌らず，相応の税金を覚悟することが必要なのだ。相続税対策として，生前に贈与をし，贈与税を支払うことと，何もせずに高額な相続税を支払うのと，どちらが得かという話と基本的には同じ発想で，「損して得取れ」ということである。

5．将来を見据えた対応策

　資金繰りの件で相談を受けたが，まずは何より収入の50％を超える管理料を適正な料率に是正することからお勧めした。これ程の管理料が放置されていたことが，税理士としては本当に信じられない事柄ではあった。

　しかし，これによって個人の支払は激減する反面，法人は今よりさらに収入が減ることにはなる。そこで，借入金の負担を軽減させる意味からも，貸工場の売却を実行した。これはバブル期の購入のため，大幅な赤字が出たが，その損失の範囲内で収益性の低いマンションの部屋を複数戸売却したのである。こちらは建物部分の未償却残額が少額であるため，大幅な売却益が生じたが工場の売却損との通算で課税を生じさせることはなかった。

残るは今まで個人が法人に対して行ってきた貸付金の整理だ。その時点で7,000万円あったが、もちろん法人から回収の可能性など全くない。このままの状態で相続を迎えると、額面どおりの金額で貸付金として相続財産を構成することになってしまう。色々と早期にこの貸付金を減少させる方法を考えたが、結論としては、ＤＥＳで一気に解消させる方法を選んだ。㉑

　ＤＥＳの詳細を述べるのはここでは差し控えるが、法人から見て負債である借入金を資本に振り替えることである。負債である以上は法人に弁済義務があり、それだからこそ個人は貸付金という債権が相続財産となってしまうのだ。これが資本に変われば、弁済義務はなくなり出資という概念に変更される。

　ただし、この対策の唯一の欠点は、資本金が大きくなるため、住民税の均等割りの金額が増大することだ。従前は7万円であったが、資本金を1億円以下に抑えても、18万円に増大する。しかし最終的には相続税負担を考えて了解してもらうこととなった。㉒

　本事案は筆者自身の失敗例ではないが、最大のつまずきは、税務上の特例である等価交換を適用したことである。なお、法人税法上は平成23年改正で等価交換の特例は廃止されている。現在これを行うとすると、9号買換えを適用せざるを得ないが、土地の面積が300㎡以上という条件が付くので注意が必要だ。㉓

　等価交換の特例は自らの居住用マンションであれば減価償却という費用化の問題が生じないが、賃貸物件の場合には総合的な判断が必要になることに注意したい。

㉑ ＤＥＳは"Debt Equity Swap"の略で、Debt（債務）とEquity（株式）をSwap（交換）すること、すなわち「債務の株式化」のことをいう。経営不振や過剰債務に陥っている企業の再建支援策の一つとして用いられており、債権を保有する金融機関等が融資の一部を現物出資する形で株式を取得することが多い。

㉒ 法人住民税には、法人の所得の有無にかかわらず負担する均等割と、所得に応じて負担する法人税割とがある。この均等割は、事務所・事業所等を有していた月数／12カ月×税率（税額）で算出するが、資本金等の額や従業者数の合計数により異なる。

㉓ 措法65の7①九。

第5章 地方税に関する失敗・トラブル

　この章は本書の中でも最も地味な税目を扱っている。一つが事業税，もう一つはさらに地味な不動産取得税である。法人であれば，事業税も馴染みはあるだろうが，それは申告納税方式であるためだろう。税理士自らが申告書を作成しているので，一種機械的ではあるだろうが，逆に誤りも少ないのではないだろうか。

　ここで問題となる対象は，不動産所得があり，個人事業税の納税義務がある個人である。言うまでもなく賦課課税方式での課税だ。そのため，所得税の確定申告を行うと，自動的に納税通知が送付されてくる。顧客にこの納税通知が送付されて来たときに，誤りがないかどうか，その内容や計算を確認する税理士は，果たしてどれくらいいるのだろうか。

　大抵の場合，顧客から『事業税の通知が来たが，どうすればいいのか』と問われれば，『そのまま記載されている金額を納めてください』で終わっているのではないだろうか。これは何も個人事業税ばかりでなく，固定資産税も個人住民税も，そして事例に登場する不動産取得税も同様なのであろう。

　全ては課税の方式が申告納税方式ではなく，賦課課税方式であり，税理士の知らぬうちに納税額が通知されることにあるのだろう。本章の事例の他にも，何かの折に顧客の住民税の計算や，固定資産税の特例適用の可否についての誤りに気付いた経験がある。しかし，それはたまたま発見しただけであって，自ら積極的に検証したためではなかった。

　ある意味，税理士としては賦課課税方式の税目について検証しないということも仕方がないことではあろう。そこまでをカバーできるほど，顧問料を貰っていないというのも，税理士側の言い分なのかも知れない。

　そんな状況を踏まえても，もう少し注意していれば防ぐことができたかも知れないという事例を，自戒の念を込めてご紹介することにした。ただ，賦課課税方式とはいえ，事前に顧客からの照会があった場合には，課税関係や税額について，事前

に説明をして理解させておくことは必要だったと思う。
　賦課課税方式の税目恐るべし，税目は申告納税方式だけではないことを，税理士としては肝に命じておかなければならない。

01 外国に行ったままなら事業税は非課税？

> **introduction**
> 昨今は世界が狭くなっている。海外との行き来が珍しくなくなったお蔭で，税務上もよく問題になるのが『非居住者』である。所得税や相続税では遭遇することもあるので一応の注意はしているつもりであった。しかし，盲点は事業税にあった。
> 実は個人の不動産賃貸業においては，外国へ行ったままの場合，国内の賃貸物件からの所得について所得税は課税されても，事業税は課税されない。恥ずかしながら，そこまでは知らなかったため，顧客に余計な税負担を長年にわたってかけていたのだ。それに気付き，必死に取り戻そうとはしたのだが，「目出度さも中くらいなりおらが春」で終わった失敗事例である。

1．個人で不動産賃貸業を行う場合の事業

　個人で不動産貸付を行えば，すぐに 事業税の対象になる訳ではない。事業税の対象となる不動産の貸付は，所得税を参考にしながらも規模的な要件として，

① 戸建て以外のアパート・マンション等の住宅の貸付の場合：10世帯以上の貸付
② 戸建ての住宅の貸付の場合：10棟以上の貸付
③ 住宅用の土地の貸付の場合：10件以上又は貸付面積が2,000㎡以上の貸付

等々がその対象である。
　そして，所得金額としては290万円を超える部分の金額が事業税の課税対象となる。この程度のことは，税理士なら誰でも知っている事柄なのだが，この事案は課税対象の顧客が 非居

①
個人事業税は所得税の確定申告を行うとそれに連動して行政側で計算される。その後，納税通知書が送付されるため自分で計算する必要はない。事業主控除は一律年間290万円なので，1年間の事業所得及び不動産所得の合計額が290万円以下の場合は，個人事業税を納付する必要はない。
②
所得税法において「居住者」とは，国内に「住所」を有し，又は現在まで引き続き1年以上「居所」を有する個人をいい，「居住者」以外の個人を「非居住者」と規定している。「住所」は「個人の生活の本拠」をいい，「生活の本拠」は「客観的事実によって判定」する。

第5章　地方税に関する失敗・トラブル

住者であったことが問題であった。

　そもそも，事業税は事業を行う事務所や事業所の所在する道府県が課税する地方税である。東京都の23区の場合は，各都税事務所がその課税実務を行っている。製造業や小売業等の場合には，上記の事務所や事業所がどこに所在するのか，比較的判然としているので問題となることも多くはないだろう。

　しかし，不動産貸付業において，特に個人の場合には，それほど判然とわかるような事務所，事業所がないことも多いのではないだろうか。このような場合には，事業を行う個人の住所や居所を事務所・事業所とみなして課税することになっている。

③ 都税といえば，道府県でいうところの地方税に当たる。本来であれば，市町村税であるものも，東京都の23区では都税として取り扱われている。例えば，固定資産税，都市計画税なども，都税事務所にて申請受付をしている。また，法人税と法人の事業税・都民税のように，国税と都税は互いに関連し合っていることが多く，都税事務所は区市町村の税務部門とともに，税務署と協力して税務行政を行っている。

2．事案の概要

　この事例の顧客は，ご主人は既に他界し，一人娘はイギリス人と結婚して渡英。年を重ねるに従い，日本での一人の生活が寂しく，また不安にもなったのだろう。本人は若い頃，長年アメリカに留学していたこともあって，言葉の心配はなかったようだ。そんな事情も手伝って，老後は一人娘の居る英国で暮らそうと決心した。

　顧客には不動産所得が相当額あり，日本に居住しているときから，長年にわたり当事務所で確定申告業務を依頼されていた。渡英したことにより，前述の非居住者になったわけである。非居住者の場合，言うまでもなく，国内源泉所得である国内での事業や不動産賃貸，利子・配当等の所得だけが課税の対象となる。

　今回の事象が発覚する10年ほど前に渡英したのだが，渡英後は毎年確定申告時に帰国。都内に持っているマンションを拠点に1カ月程度滞在し，手続が終われば再びイギリスという生

-158-

01 外国に行ったままなら事業税は非課税？

活をしていた。

確定申告書の住所欄にはもちろんイギリスの住所を記載し，納税管理人としては当事務所を指定し，届け出をしていた。そして，そのような状況が数年続いた後に他界した。亡くなってからは一人娘が全財産を相続し，母親と同様の方法で確定申告を継続，現在に至っている。

確定申告は特段の問題もなく，所得税調査に選定されることもなかった。問題は事業税で，従来はさして確認もせず，通知が来ればその額を納税していた。しかし，非居住者においては，国内に事務所や事業所と見なされる住所や居所がないため，個人事業税は課税されないことに気付いたのである。

直ちに都税事務所に連絡をし，状況を説明した上で，過年分を含め還付の請求をしたのが本事案である。問題は過年分の遡及期間で，都税事務所は法定の5年を主張。しかし，同じ都税事務所の扱いである固定資産税においては10年遡及して返還もしているのだ。当事務所の責任で，長年にわたり，本来課税されずに済む事業税を納めさせてしまっている。

遡及期間が5年か10年になるのか，当方の誤りを少しでも回復させるべく，都税事務所相手に戦った事例である。

3．非居住者の取扱い

個人の事業税は所得税を考え方の基礎に置いている。そのため，まずは所得税の考え方を整理しておこう。問題の非居住者であるが，所得税においては非居住者を『居住者以外の個人』と定義している。つまり，①国内に住所を有しない者で，かつ，②現在まで引き続いて1年以上国内に居所を有しない者とされている。そして，国外に一定の職業を有することになった者は，

④
国内に住所を有していない又は有しないこととなる場合に，申告書の提出その他国税に関する事項を処理する必要のため，国税通則法117条により納税管理人を選任することが規定されている。

⑤
税金が過払いになっていたため，それを取り戻す手続。

－159－

その契約等で国外での居住が1年未満の場合を除き，国外での居住の日から非居住者と推定して取り扱われることになっている。

　前述のように，事業税は事業を行う事務所や事業所の所在する都道府県が課税するものである。ここで事務所等とは，事業の必要から設けられている人的及び物的設備をいうとされている。したがって，例えば不動産貸付業において，単に貸付不動産が所在するのみで，これを管理する人員等の配置がない場合のように，物的設備のみでは事務所等には該当しないのだ。

　また，不動産管理会社へ管理を委託して出国した場合においても，不動産管理会社は，事業を行っている者の物的設備には当たらないので，課税することはできない。

　つまり，非居住者の不動産貸付においては，国内に事務所・事業所とみなされる住所や居所がないことから，結論として，個人事業税は課税されないことになっているのだ。

　当事務所もこのことにもっと早く気が付けばよかったのだが，これが個人事業税のような賦課課税方式⑥の税目の恐ろしいところなのだろう。所得税や相続税と違って自分で申告書を提出する，申告納税方式⑦とはどうしてもその趣を異にする。都道府県が所得税の申告書を見て，それをもとに課税してくるため，どうしても関心が薄くなる傾向にはある。税理士もそれを当たり前のように経費計上して，事は全て終了となってしまうのだ。

　それが災いしたのかどうか，非居住者になって以来，言われるままに納税をしてきてしまった。とにもかくにも，毎年確定申告のお手伝いをしてきたわけで，税理士としてはそれに気付かなかった点については，何らかの責任は問われることになろう。

⑥ 課税権者の処分によって納付すべき税額を確定する方式で，固定資産税，個人の住民税，不動産取得税等がある。

⑦ 納税義務者の申告によって「納付すべき税額」又は「納付すべき税額がないこと」を確定する方式で，所得税，法人税，消費税，相続税等がある。

4．事業税の遡及期間

　さて，都税事務所である。課税要件を満たしていない以上，還付されることは容易に理解してもらった。しかし，前述のとおり，地方税の規定では5年までは遡って是正し，還付をしてくれる仕組みであるため，5年分の還付であり，それ以前の5年分は，そもそも法律がないので返還できないとの主張がなされた。

　ただ，同じ都税事務所で課税が行われている賦課課税方式の固定資産税においては，法律はないものの通達という形で，次のような場合には，実際に還付が行われている。それは，①固定資産の所有者でない者に誤って課税していたり，②既に存在していない建物に課税していたりする場合等で，本税のほか延滞金まで含めて10年分を返還しているのだ。

　これにならえば，法律上は5年でも10年分の還付もできる筈である。しかし，事業税には固定資産税のような通達が存在しないというのが先方の言い分である。

　ただ，今回のケースにおいては，確定申告書を見れば外国の住所が記載されている訳で，非居住者であることは，一目瞭然，明白なはずである。それを見逃しているのだ。非は明らかに都税事務所の側にある。くどいようであるが，個人事業税は賦課課税であり，都税事務所という自治体が，課税権をもって，一方的に課税する税目なのだ。

　固定資産税で法律に規定していない場合でも返還してくれるなら，事業税だって返還されてもおかしくはないのだ。

⑧
法治国家において，法令により課税する権利のこと。

5．顛末～顧客への説明と税理士の責任

　都税事務所とは相当にやりあったが，結局，埒が明かなかった。残された道は 訴訟しかない。そこで現在の顧客である娘に故人である母親の分を含め，それまでの経緯を説明したところ，弁護士と相談するという。実は，この顧客はその時点ではイギリスに住んでいたが，アメリカでの生活が長く，何事も弁護士と相談するという習慣が身に付いている人物なのだ。

　その弁護士から幾つか質問を受けることになったが，その中で税理士としての責任は如何なものか，というご指摘まで頂いた。当方に責任追及まですするつもりはなかったようであるが，厳しいご指摘に返す言葉もなかった。

　結局，費用的なこと，長期戦になること等から訴訟の道は選ばず，5年だけで鞘を納めることに落ち着いた。ついつい当局任せになってしまう賦課課税ではある。今後は課税の通知が来たら，目を皿のようにして隅々まで確認しなければ，と大いに反省した事案であった。

　なお，参考までに，固定資産税については10年まで還付する旨の通達を添付しておく。あまり馴染みはないものだが，納税者がその事実を確認できる資料を提出した場合，何と20年まで遡及して還付をして貰えるようではある。何かの機会にお役立て頂きたい。

⑨
裁判所を関与させ，紛争の当事者である納税者と課税庁側の主張の正当性，是非等，その判断を仰ぐことで紛争を解決すること。

01 外国に行ったままなら事業税は非課税？

|公開|

9主資固第80号
平成9年8月29日

各　都税事務所長　殿

主　税　局　長
（公印省略）

「東京都固定資産税及び都市計画税に係る還付不能額
の返還等要領」及び「東京都固定資産税及び都市計画
税に係る還付不能額の返還等要領実施細目」の制定に
ついて（通知）

　別紙のとおり「東京都固定資産税及び都市計画税に係る還付不能額の返
還等要領」及び「東京都固定資産税及び都市計画税に係る還付不能額の返
還等要領実施細目」を定めたので，通知します。

東京都固定資産税及び都市計画税に係る還付不能額の返還等要領

第1　目的
　　この要領は、土地及び家屋の固定資産税及び都市計画税（以下「固定資産税等」という。）に係る還付不能額を返還することにより、東京都の税務行政に対する納税者の信頼を確保し、円滑な税務行政の推進に資することを目的とする。

第2　還付不能額
　　この要領において、「還付不能額」とは、所有者違いその他の事由による固定資産税等の過誤納金相当額であって、地方税法（昭和25年法律第226号）第17条の5第3項に規定する賦課決定の期間制限又は同法第18条の3第1項に規定する還付金の消滅時効の適用により還付ができないもの及びこれに係る納付済みの延滞金をいう。

第3　還付不能額の返還
 1　都税事務所長は、納税者から返還の請求を受けて、還付不能額の返還を行うものとする。

 2　都税事務所長は、徴収マスターにより納付の事実を確認したときは、返還の請求のあった日の10年前の日の属する年度以後の年度分の還付不能額を当該納税者に返還するものとする。

 3　都税事務所長は、納税者が当該還付不能額について納付の事実を確認できる書類を提出した場合においては、2の規定にかかわらず、返還の請求のあった日の20年前の日の属する年度以後の年度分について還付不能額の返還をすることができる。

 4　都税事務所長は、還付不能額を返還しようとするときは、返還対象となる固定資産税等の額を返還対象者に通知するものとする。

第4　利息相当額の加算
　　第3の規定により返還する還付不能額（以下「返還金」という。）を返還する場合においては、別に定めるところにより計算した利息相当額（以下「返還加算金」という。）を加算する。

第5　支払いの方法
　　返還金及び返還加算金の支払いは、過誤納に係る都税の徴収金の還付の手続きに準じて行うものとする。

第6　返還金等の返納
　　都税事務所長は、虚偽その他不正な手段により返還金等の支払いを受けた者があるときは、その者から返納させるものとする。

第7　実施細目
　　第2に規定する事由の範囲、その他この要領に基づく実施の細目については、別に定める。

第8　施行
　　この要領は、平成9年4月1日から施行する。

東京都固定資産税及び都市計画税に
係る還付不能額の返還等要領実施細目

第1　目的
　　この実施細目は、「東京都固定資産税及び都市計画税に係る還付不能額の返還等要領」（以下「要領」という。）の実施に伴う細目を定め、その円滑な執行に資することを目的とする。

第2　返還すべき事由の範囲
　　要領第2に規定する事由の範囲は、次のとおりとする。
　(1)　固定資産の所有者でない者に誤って賦課したこと。
　(2)　固定資産税及び都市計画税（以下「固定資産税等」という。）の課税客体がないのに賦課したこと。
　(3)　その他瑕疵ある賦課処分が行われた場合であって、返還することが公益上真に必要と認められるときであること。

第3　返還金額及び納付事実の確認
　1　要領第3に規定する返還金額の確認は、返還請求書（別紙）の提出を受けて行うものとする。
　2　要領第3、3に定める納付の事実を確認できる書類とは、領収証書、口座振替に係る「振替済みのお知らせ」又は口座振替の事実が記載された預金通帳などをいう。

第4　返還対象者
　1　要領第4に規定する返還金及び返還加算金（以下「返還金等」という。）は、当該賦課処分の対象となった納税者に対して支払うものとする。
　2　当該賦課処分の対象となった納税者が、既に死亡している場合においては、相続人に支払うものとする。
　3　1及び2に規定する返還対象者の所在が不明の場合においては、当該返還金等の返還を行わないものとする。

第5　返還加算金の計算
　　要領第4の規定による返還加算金は、当該返還金に係る固定資産税等又は延滞金の納付があった日の翌日から返還のための支出を決定した日までの期間の日数に応じ、年7.3%の割合を乗じて計算する。

第6　手続き等
　1　要領に基づき返還する場合にあっては、事故再発防止改善計画を作成のうえ、事前に資産税部長に協議を行うものとする。
　2　この細目に定めのない事項については、別途通達で定めるものを除き、賦課決定及び還付の手続き、様式等に準じて取扱うものとする。

第7　施行
　　この細目は、平成9年4月1日から施行する。

第5章　地方税に関する失敗・トラブル

平成　年　月　日

返 還 請 求 書

都税事務所長　殿

住　所
氏　名　　　　　　㊞
電話番号

　土地及び家屋に係る固定資産税及び都市計画税の納付済み額等について、下記のとおり返還請求します。

記

年度分	返還請求額（円）	備　考
合　計		

02 不動産取得税の失敗を取り戻す

> **introduction**
>
> 　不動産にかかる税金といえば，最も気になるのは売却時の譲渡税だろう。税額的にもそれなりに大きな負担となるからだ。
>
> 　しかし，税理士としては，購入時の税金も忘れてならない。この事案は，通常の業務の中ではあまり馴染みのない不動産取得税である。それも，建物の完成前に売却したため，当初は簡単に建物の不動産取得税など関係ないと思っていた失敗である。
>
> 　冒頭の譲渡税ほどには負担が重くないので軽視しがちであるが，その対象が大きな建物である場合，この負担があるとないとでは天と地ほどの差があるのだ。
>
> 　土地の固定資産税を含め，トータルでは何とか税理士の面目躍如。地味ではあるが，冷や汗をかいた地方税の事例である。

1．不動産取得税における"取得"の意義

　事例の紹介の前に，不動産取得税の課税の概要について確認をしておこう。個人・法人を問わず文字どおり土地や建物の不動産を取得したときに課税される税金である。その取得事由が有償か無償かに関係なく，原因も売買・交換・贈与・寄付等どんなものでも課税の対象となる。ただし，相続で取得した場合にはその対象から外れることになっている。

　不動産取得税において，最も問題となるのはいつをもって不動産の取得とされるかである。教科書的にいえば，"契約内容その他から総合的に判断して，現実に所有権を取得したと認められるとき"となるのであろうか。

　ここで，売買の場合に移転登記の有無は全く関係がない。

⑩
売買・贈与で不動産を取得したとき，また建物を新築・増築したときに都道府県が課税する地方税。不動産取得税の納税方法については，取得後6カ月～1年半くらいの間に各都道府県から届く「納税通知書」を使用して金融機関で納付するが，その納期は各都道府県により異なる。

⑪
ここでは不動産の所有権移転登記であるが，登記の態様の一つである。所有権が現在の登記名義人から他人に承継された場合，第三者に対抗するために行う登記。

－169－

ただ，登記の有無は無関係というものの，実は，ある登記をすることにより，建物の取得の時期をめぐって問題になったのが本事例なのである。

なお，建築業者が建築した建物については，基本的には課税はない。しかし，建築後6カ月以内に売却できない場合には課税されることになっている。

2．事案の概要

都心の一等地を所有する顧客が1階を店舗，2階以上を賃貸マンションとする建物の建築を計画していた。当初は収益物件として賃貸収入を期待していたのだが，竣工後には高額な売却価格が見込めることが判明。面倒な賃貸経営を今後も続けるより，ここで一気に売却して換金化することで，近い将来における相続時の財産分けがしやすい方向に計画を変更した。

いわゆる投資家にとって，この物件は場所柄や収益性から見て垂涎の的，竣工を待たずして，程なく買い手も見つかった。筆者の経験からしても初めてのことではあったが，思った以上の値が付いたことに売主としては大満足だったのだ。

そこまでは良かったのだが，事後に思わぬ問題が生じてしまった。その問題とは不動産取得税である。顧客としては完成前に売却をしたつもりであるため，当然のことながら建物の不動産取得税など，自分には関係のないこと，買い手が負担するものだと思っていた。それが，急遽，不動産取得税の課税問題が生じて大騒ぎというのがこの事案である。

3．"表示登記"で引き渡しと認定！

　問題を時系列に沿って整理してみよう。売買契約を建物完成前の平成17年11月に締結，平成18年2月上旬に完成引き渡しの予定だった。ところが買い主側から，借入の都合上，建物の存在が明示されなければならないため表示登記を行ってほしいという要望がなされた。

　そこで，平成17年12月末に売主である顧客名で表示登記をすることになったのだ。

　不動産の登記簿は大きく三つの区分からなっている。①表題部，②甲区，③乙区の三つである。①はその不動産自身の種類や数量を公に示すものである。文字どおり登記簿の表紙にあたる部分だ。

　ここでは所有権その他の権利関係は何ら示されることなく，土地の合筆・分筆，建物の増築や一部滅失が記録される。この表題部に登記することを，表示登記をするという表現をするが，どこどこの場所にこういう不動産がある旨を明示することなのである。

　建物を新築した場合には，建物の所在地，種類，構造，建築時期等を申請書に記載して，完成後1カ月以内に 建物図面⑫ とあわせて届け出る必要がある。この申請義務を怠ると10万円以下の 過料⑬ も課せられるため注意が必要だ。

　また，表題部には所有者も記載はされるが，所有権を法的に保護し確定させるには，表示登記だけでは不十分で，次に述べる②甲区に所有権の保存登記をすることが必要になる。

　登記簿謄本には，①の表示登記に対し，②は所有権のみに関する事項，③は所有権以外の地上権，地役権，抵当権等の権利関係が表示される。

⑫ 土地上における，一棟ないし数棟の建物又は区分建物の位置や形状等を示す図面のこと。建物を新築・増築等した場合，その登記申請の際に必ず添付しなければならない法定添付書類である。通常は各階平面図とセットで作成されることが多い。

⑬ 過料とは，刑事罰ではないが何らかの制裁として強制的にお金を払わせること。それに対し，「罰金」は刑事罰の一種である。

さて，話は表示登記に戻る。この表示登記だけをした時点では法的な保護がなされる所有権者や，抵当権その他の権利が付着しているといったことについては，一切の記載はなされていない。前述のように，あくまでも建物の所在や種類，構造等が示されているに過ぎない。

しかし，不動産取得税を課税する東京都はこの表示登記に着目をしたようだ。表示登記以外の登記事項は，本来万人に義務付けられているものではない。自分の権利を保護しようとする人がやればいいだけのものである。

ただ，表示登記がなされたということは，申請書に所有者名が記載してなされたことを意味する。つまり建物が竣工，取得したことを自ら証明したことにもなる。

売主としては，買主の融資への協力のための表示登記を行っただけである。しかし，その親切の結果，売主は不動産取得税の課税を受けることになってしまったのである。

その点について，税理士として何度も東京都には説明をし，理解してもらえるよう試みたのだが，理論的に勝ち目はない。しぶしぶ課税を受諾することになってしまったのである。

4．不動産売買の実務

実は，買主からの表示登記の要請があった時点で顧客から相談があったのだ。そして，ここで表示登記の要請を受諾することを勧めたのは他ならぬ筆者なのだ。というのも，不動産の売買というのは，契約から最終的な引き渡し，残金決済までは時間的にも長期にわたり，その間に種々の問題が発生することも多い。

もし，ここで表示登記の要請を断った場合，買主は売買契約

を履行することができず，融資を受けられないことになる。手付金として既に貰っている金員については，売主に返金の義務はない。したがって，当方に直接の損害はないことになる。

しかし，契約そのものが流れれば，新たな買主をイチから探すことになってしまう。それは決して売主にとっても望むべき解決策ではない。したがって筆者も不動産取得税までをも考慮せず，表示登記には賛成をしてしまったのである。

5．総合的な税負担

筆者の不注意から，確かに不動産取得税の課税を受けることにはなってしまった。しかし，不動産の売買をそのまま遂行させるためには，ある意味仕方がなかったのも事実である。ただ，そうはいっても，この不動産取得税，金額的にも結構な負担になってしまった。

これらをどう判断するかについては，色々な考え方もあろう。しかし，とにもかくにも不動産の売買契約が無事に締結され，決済・引き渡しまで完了。このことにお客様も一応満足をし，筆者も特段の非難も受けることはなかったのである。

ただ，ここで終われば，あくまでも税理士のミスが残ってしまう。実は，結果的には決して悪いことばかりではなかったのだ。このことが土地の固定資産税にも影響を与えることになったのである。

というのも，この建物，1階こそ店舗であるが，2階以上は全てマンションのため，敷地は大半が住宅用地と位置付けられる。店舗や工場，オフィス等のような建物の敷地と異なり，住宅用地には固定資産税の課税上大きな特例が用意されているのだ。これを住宅用地の特例といい，その土地の上に住宅がある

ことが前提になっている。

具体的には，敷地の200㎡以下の部分について，土地の固定資産税の税額が6分の1に，200㎡超の部分は3分の1に減額されるというもの。マンション等の集合住宅については200㎡の戸数倍までの面積の土地がその対象となるが，建物の床面積の10倍が限度である。

さらに，⑭都市計画税にも同様の制度があり，固定資産税における住宅用地の特例の適用を受ける土地については，課税標準が3分の1に，200㎡を超える部分については3分の2になるのだ。

この住宅用地の特例が適用されると，固定資産税及び都市計画税の両税合計で相当額の影響を与えることになるが，これらの判定時期は1月1日である。

つまり年末に表示登記をしたため，引き渡しまでの2月分だけではあるが，買主との精算をした土地の固定資産税が約6分の1と大幅な減額となったのだ。

確かに建物の不動産取得税の負担はあったが，客観的にトータルで考えたとき，それ程の負担増にはなっていなかったのである。さらに買主に感謝されたことは言うまでもない。人間万事塞翁が馬，という言葉もあるが，建物の竣工，引き渡しは十分な注意の上にも注意が必要である。

結果的には何とかミスをリカバリーはできたが，税理士としては冷や汗ものの不動産取得税。非常にいい勉強，経験をさせて頂いた事案である。

⑭ 公共の都市計画の観点から，土地の利用法を規制・誘導したり，都市施設の整備，市街地開発事業等，全体的に整備・開発・保全を図った方がいいと判断された地域を都市計画区域というが，その都市計画区域内の市街化区域にある不動産が課税対象となる。都市計画税の対象地域は，面積で考えると日本の全国土のおよそ4%に過ぎないが，東京23区や大阪市など商業が集中する地域では，周りはほぼ市街化区域となっている。税額は，最大で固定資産課税標準額×0.3%で，固定資産税課税標準額が，土地30万円未満，家屋20万円未満の不動産は課税対象にならない。

第 6 章 納税方法に関する失敗・トラブル

　事例は一つだけであるが，相続税の実務では分割協議と並んで最も重要な納税に絡む項目である。一般論としては，相続というととにかく節税が話題になりがちだ。その工夫ができる税理士が，腕のいい税理士だという風評もある程である。
　しかし，どれだけ節税が可能になったとしても，納税額が 0 にならない限り，その算出された税額をどのような方法で納めるか，という問題は最後まで残るのである。「財産の分割と納税方法の検討はセットで考える」ことの重要性は，まさにこのことを踏まえての話なのである。申告書の提出のみならず，納税までが無事にできて，初めて相続税実務が完了するのである。決して申告書の作成だけが税理士の業務ではない。
　ともすると，この申告書の作成だけに注意が行きがちなのが税理士の性ではあろう。しかし，それでは顧客に対してあまりに不親切である。納税は顧客がするものだから，そこまでの心配はできないというのでは，税理士としては失格なのではないのだろうか。
　納税資金が潤沢な場合は，実務の中ではそれ程多くはないだろう。というより，むしろこの納税資金が不足の場合が多いからこそ，相続税は大変だということになるのではないだろうか。
　そうだとすれば，分割の仕方によって納税方法も変わってくるし，売却をも視野に入れた上で，分割を考えなければならないこともあるだろう。
　本事例はその意味ではやや特殊である。それは初めに物納ありきだったからだ。物納に係る実務は，税理士の業務ではないことも多いが，物納実務を知っていなければ，納税についてのアドバイスもできないだろう。
　昨今の物納は，事前準備が全てである。かつてのように，とりあえず物納の申請書だけ提出しておいて，その後に時間を掛けて整備していくという手法は取れない。顧問先に物納が想定される場合には，今からでもその準備を始めておくべきだろう。

01 相続人全員の物納で，一人の高収入を見過ごした事例

introduction

相続税の納税方法の一つに物納がある。ただ，これは誰にも，どんな場合にも認められた納税方法ではない。極めて例外的に認められた特別な納税方法なのである。

資産税を扱う税理士として，そんなことは百も承知をしていた。にもかかわらず，相続人全員で行う物納において，一人だけがその要件を満たさないかも知れない，という懸念が申告・納税段階で発覚したのだ。

最後は何とか事なきを得たが，まだまだ経験不足の頃の失敗談である。

1．物納が認められる条件とは

相続税の納税方法は，原則として他の税目と同様，現金による一括納付である。しかし，所得税や法人税と異なり，相続税の場合は現実に現金での実入りがないことも多い。そのため，課税の対象が不動産や動産による財産の取得という特殊性に鑑みて，特別に認められた制度が物納なのである。

また，現金による一括納付ができない場合でも，直ちに物納ができる訳ではない。その前段階で，<u>最長20年の延納</u>が検討①されなければならないのだ。この延納によっても，なお金銭による納税ができない場合に限って，初めて認められる制度である。

さらに，相続税の納税方法は，上記の判定を相続人ごとに行うことになっている。その際の現金納付による可能性は，相続した財産による判定のみに留まらない。各相続人の固有の財産や生活の状況，<u>金銭納付の可能性</u>を総合的に判断し，金銭納②

①
延納の原則的な延納期間は5年である。ただし，相続財産のうち，不動産等の割合が10分の5以上である場合には，その税額を不動産等の価額に対応する部分とその他の部分に区分し，前者について最長20年の延納が認められている。
②
年間の収入を基に，生活費，社会保険，税金等を控除した差し引き計算で，現金によって当面納税できる金額の多寡を判定する。

付ができないことが判明して、その部分に限って、初めて物納の選択が可能になるものなのである。

したがって、全く同じ財産を相続した相続人であっても、相続人Aは物納が認められ、相続人Bは延納しか認められないという事態も想定されるのである。

2．事案の概要

ある相続税の申告事案、相続人は長男、長女、次女の3名であった。このうち次女は既に他界しており、その子（長男P）が代襲相続人となっていた。相続財産は若干の預金、金融商品もあったが大半は自宅マンション、アパート、山林等の不動産である。納税資金的には預貯金は不足しており、不動産の中でも問題は東京郊外の山林であった。これは換金化が難しく、当初より物納が選択肢として考えられた。

相続人の内、長男は既に定年退職後であり、また長女は専業主婦であったことから定期的な収入も固有の財産もない状態であった。そのため、金銭納付の困難性の観点からは、物納の要件を満たすであろうことは容易に察しがついていたのだ。

ただ、次女の代襲相続人であるPは、損害保険会社勤務とのこと。名の知れた大手の損保会社のため、勤務先からの相応の収入が見込まれた。

本来、物納を納税方法として選択する場合、事前に物納を申請する各相続人が、その要件を満たすかどうかを確認することは必須である。しかし、この事案の場合には、以下のような特殊性を有していたため、相続人ごとの要件の確認より、その特殊性に意識が傾注してしまったことは否めない。

申告準備の早い段階から物納の許可をめぐり、税務署との

③
物納の許可・不許可は、国有財産に該当するため、最終的には財務省・財務局の判断であるが、実務の窓口は全て税務署である。したがって、通常は財務局と直接折衝業務を行うことはなく、税務署を通じて判断を仰ぐことになる。

01 相続人全員の物納で，一人の高収入を見過ごした事例

相談・折衝を進めていたのだ。そのために，各人別の収入状況の検討が疎かになってしまったのである。

その特殊性とは，まずは物納申請財産が東京郊外にある山林ではあるが，接道のない無道路地の状況であることだ。通常はこのことだけで物納として認められる適格財産とはならない。

しかし，隣地の地続きの山林が親類のもので，数年前の相続時に物納が認められていたのである。物納申請財産自体は無道路地でも，既に国有財産となっている隣地と一体になることで，無道路地状態は解消してしまうという状況があったのだ。

このような事情も，隣地の元所有者が親類だからこそ知り得た情報ではあるが，このこともあり，当初より相続人全員がこの土地の物納に関心があったのである。

また，P以外の相続人である長男と長女については，現実問題として，固有の財産はともかく，収入状況の検討は必要ではなかった。

そのため，最終的な相続税申告書の作成段階になり，物納申請時に提出する『金銭納付を困難とする理由書』の記載にあたって，初めて相続人Pの所得状況や財産状況だけが物納要件に抵触する懸念に気付いたのである。

3．税理士が誘導した物納

筆者はかつて勤務税理士時代，所長税理士の命に従って物納に係る書物の執筆，出版のお手伝いをしたことがあった。当時はまだ『物納』は市民権を得た納税方法ではなく，相続税の納税方法としては，例外中の例外的な扱いがなされていた時代である。

④ 納税者ごとに金銭納付が困難であるか否かの判断が必要で，収入と共に支出項目も詳細に検討する必要がある。

⑤ 建築基準法上，建物の敷地は2m以上道路に接していなければならないことになっている。しかし，敷地の中にはこの基準すら満たせず，全く接道のないものがあり，これを接道のない無道路地という言い方をする。

⑥ 物納として各種の要件を満たした場合，その財産を物納適格財産というが，これに対し，要件を満たさない財産を不適格財産といい，不動産としては，次のようなものがその例示として挙げられている。
(イ) 担保権が設定されていることその他これに準ずる事情がある不動産
(ロ) 権利の帰属について争いがある不動産
(ハ) 境界が明らかでない土地等々

第6章　納税方法に関する失敗・トラブル

　そんな時代に，自分では実際に経験したこともない物納の書物を出版するにあたり，税務職員時代のツテを頼りに実務をヒアリング。また，限られた数の文献ではあったが，手当たり次第に読み漁った経験があった。

　その程度の知識や経験しかない中でも，バブル崩壊という当時の時代背景も手伝って，物納案件の相談は次第に増えていった。また，相続税の申告にあたっては，物納ができる可能性があれば，積極的に顧客に勧めていたのだ。それが逆に経験になり，またそれなりのノウハウにもなっていった。

　この事案に対しても，納税資金がないこともあり当初より物納を視野に入れて検討していた。とりわけ，ほとんど利用価値もない山林を，相続人の要請もあったが，税理士としてもまずは物納ありきで話を展開。分割案も含め，その方向に顧客を誘導していったのだ。

　また，共有物件の物納は原則的には認められていないが，共有者全員の物納であれば，それもクリアできる旨を説明し合意が得られた。

　物納の許可，却下を最終的に判断するのは税務署ではない。物納後の財産は国有財産になるため，それを管理，管轄するのは財務省の 財務局という部署である。[7]

　その財務局であるが，納税者や税理士が財務局の職員と直接折衝することは基本的にはない。物納の窓口は税務署の職員なのである。言ってみれば，税務署が財務局と納税者・税理士との仲介役となる。

　ただ，仲介役といっても，税務職員の役割は非常に大きなものがある。場合によっては，彼らの財務局への口添え一つで物納の許諾が左右されることさえあり得るのだ。そのため，財務局の考え方，判断基準を熟知している税務職員と事前に相談し

⑦
財務局は，財務省の地方支分部局の一つで，地方における財務省の業務を総合的，総括的に行う機関である。金融庁長官の委任により，金融庁の地方業務も行う。10の財務（支）局がある。また，財務（支）局の下位には多数の財務事務所や出張所が設けられている。

ながら物納手続を行うことが，重要になる。

　筆者もかつては物納の手続を全て自分で行っていたが，現在では物納業務を専門的に行ってくれる業者に依頼している。税理士業務の中で頻繁に発生する業務でもなく，税務というよりは作業が中心になるからだ。ただし，これに精通する必要はないと思われるが，一度だけでも経験しておくことは有用であろう。

4．金銭納付を困難とする理由書

　税務署への事前の相談，折衝の甲斐あって，物納財産としては道が開けそうな感触は持っていた。前述のとおり，最終判断は財務局が行うことになるので，物納の申請前に納税者自らが財務局の判断を仰ぐことなどできない。しかし，税理士としては自信を持って進めた物納であっただけに，ひとまずの安心感はあったのである。

　しかし，相続税の申告書の作成も最終段階に入り，物納の申請書類を用意する段階に入ったところで気付いたのだ。[8]『金銭納付を困難とする理由書』の作成である。この書類，文字どおりこれこれの理由で金銭納付が難しいということを，具体的な数字を挙げて説明するものである。前述のとおり，ここでの懸案は代襲相続人のPである。

　実は，平成18年に物納制度の大幅な改正が行われている。[9]この事案はその改正前のものであるが，当時も物納に際してはこの『金銭納付を困難とする理由書』の提出は必要とされていた。参考までに185ページに現在の『金銭納付を困難とする理由書』を載せておくが，当時はここまで厳密なものではなかった。

⑧ 物納を申請するために必要な書類で，相続税物納申請書の他，金銭納付を困難とする理由書，物納財産目録土地・家屋用，小規模宅地等を分割して物納に充てることの確認書等がある。

⑨ 従前は申請から許可・不許可までに相当な時間を要していた。それが，改正により申請段階で原則的には全ての書類の整備が必要とされ，当局もその判断基準を明確にすることで，原則的には3カ月で結論を出すように変更された。

第6章　納税方法に関する失敗・トラブル

しかし，相続人Pについては所得の状況をこの段階で初めて聞いて唖然とした。今から10数年以上前のことではあるが，管理職であるPの給与は1,200万円を超えていたのだ。

税務上の取扱いは，とにかく相続財産と相続人固有の預貯金等で，金銭でいくらまで納税ができるか，ということが第一段階のスタートなのである。その上で，定期的な収入がある場合，生活費や近々に予定されている支出を除き，どれだけを納税に充てられるかを算出する。いわゆる余剰資金部分は延納という形で最長20年の分割払いを要求し，それでも納税ができなければ，その部分は物納を認めようというものなのである。

もちろん，その不足部分に評価額的にピッタリ対応する財産があるとは限らない。その場合には，その財産の一部だけを物納財産として認めるのである。例えば100坪で1億円の評価の土地があり，3,000万円が物納を認められる金額であるとしよう。その土地を7：3で分筆し，10分の3が3,000万円であれば，その部分だけを物納許可するのだ。

この事案については，Pにはそれなりの資金があるものと想定される。また，定期的な収入から生活費等を控除した，いわゆる余剰資金も相応にあり，延納により納税できる部分もあるだろう。このようなことを考え合わせると，物納申請財産そのものに非がなくても，P一人が物納を認められない可能性も濃厚であった。

その場合，申請財産は共有のため，物納が認められ得る他の2人の分を 分筆することが必要になるだろう。しかし，もともと道路に接していない土地である。Pと他の2人の分を分筆でもすれば，Pの持ち分は接道もなく，それこそ全く完全に価値のない土地になってしまう。

⑩
分筆とは一筆の土地を数筆の土地に法的に分割することをいい，一筆の土地（一個の土地）を二筆以上の土地（二個以上の土地）に分割する登記のことを分筆登記という。分筆登記がなされると，分筆された土地には新たな地番がつけられ，独立した土地として登記され，公図（地図）にも分筆した線が引かれ新たな地番が記載される。

5．申告書への押印の段階での説明とＰの怒り

　このような状況下，相続人全員に集まってもらい，申告書と併せて物納申請書の説明と申請後の手続の流れをお話した。そして，Ｐについてだけは物納が認められない可能性もあることを。

　その時である。Ｐは猛然と怒りをあらわにしたのだ。税理士からはこの案件について，初めから物納が十分に可能である旨の説明を受けていた。そして，それだからこそ，納税者としての要望とも合致しているため当方に依頼をしたのだ，と。申告書に押印をする段階で，物納ができない可能性があるとの説明は，到底承服できるものではない，と非常に激しい口調で非難された。

　全くもってＰの言うとおりである。税理士としては何の言い訳もできる状況ではなく，ひたすら頭を下げるだけしかなかった。しかし，事は頭を下げ，陳謝すれば済む話ではない。その場でははっきりと言わなかったが，Ｐの税理士に対する損害賠償的なことまで匂わす発言に，とにもかくにも，最大限の努力を約束することに終始して，申告書に押印を頂いた。

6．必要なのは税理士のねばりと作文力

　さて，話は『金銭納付を困難とする理由書』の記載に戻る。前述のように185ページに掲載してあるのは，現在使用されている書式であるが，この当時は若干これとは異なっていたのだ。

　現在のものは見ればすぐにわかるが，記載内容が相当に細部にわたっていて，しかもそれを証する請求書や領収証の添付が必要なのである。早い話が，ウソは通じないのである。

実は，当時，つまり平成18年度改正前の物納においては，金銭納付が困難な理由に概ねの予定金額等を記載すればよく，エビデンスの添付までは求められていなかったのである。

　つまり，真実かどうかということよりも，金銭納付が困難である理由を言葉を尽くして説明することで，認められる余地があったのだ。必要なのは理由書を作成する税理士のアイデアと文章力。もちろん，当局とのねばり強い交渉力も。自宅の建て替え，息子の医学部進学等々お金のかかる理由を，切々と訴えるのである。

　結論を先に述べれば，全く問題がなかった訳ではないが，Ｐのことは当方の杞憂に過ぎず，相続人全員ならば仕方ないですね，という感じで物納の申請が認められた。金銭納付の困難理由に説得性があったのかどうかまではわからないが。

　いずれにせよ，結果論としては何事もなく，当初の予定どおりでお客様にも喜んで頂いた。確かに結果だけを見れば，何もなかった。しかし，税理士として中途半端な物納についての自信をもっていたのもトラブルが起きた理由の一つであろう。初めに確認すべきことを事務手順どおりに進めることが重要なのである。基本を決して忘れてはならないことを痛感した事案である。

01 相続人全員の物納で，一人の高収入を見過ごした事例

金銭納付を困難とする理由書
（相続税延納・物納申請書）

平成　年　月　日

税務署長　殿

住　所　_____
氏　名　_____㊞

平成　年　月　日付相続（被相続人　　　　　　）に係る相続税の納付については，納期限までに一時に納付することが困難であり，延納によっても金銭で納付することが困難であり，その納付困難な金額は次の表の計算のとおりであることを申し出ます。

1	納付すべき相続税額（相続税申告書第１表㉗の金額）		A	円
2	納期限（又は納付すべき日）までに納付することができる金額		B	円
3	延納許可限度額	【A－B】	C	円
4	延納によって納付することができる金額		D	円
5	物納許可限度額	【C－D】	E	円

2　納期限（又は納付すべき日）までに納付することができる金額の計算

(1) 相続した現金・預貯金等	（イ＋ロ－ハ）	【　　円】
イ　現金・預貯金（相続税申告書第15表㉑の金額）	（　　円）	
ロ　換価の容易な財産（相続税申告書第11表・第15表該当の金額）	（　　円）	
ハ　支払費用等	（　　円）	
内訳　相続債務（相続税申告書第15表㉝の金額）	[　　円]	
葬式費用（相続税申告書第15表㉞の金額）	[　　円]	
その他（支払内容：　　　　）	[　　円]	
（支払内容：　　　　）	[　　円]	
(2) 納税者固有の現金・預貯金等	（イ＋ロ＋ハ）	【　　円】
イ　現金	（　　円）	←裏面①の金額
ロ　預貯金	（　　円）	←裏面②の金額
ハ　換価の容易な財産	（　　円）	←裏面③の金額
(3) 生活費及び事業経費	（イ＋ロ）	【　　円】
イ　当面の生活費（３月分）	（　　円）	
うち申請者が負担する額		←裏面⑪の金額×3/12
ロ　当面の事業経費	（　　円）	←裏面⑭の金額×1/12
Bへ記載する	【(1)＋(2)－(3)】	B【　　円】

4　延納によって納付することができる金額の計算

(1) 経常収支による納税資金 （イ×延納年数（最長20年））＋ロ	【　　円】	
イ　裏面④－（裏面⑪＋裏面⑭）	（　　円）	
ロ　上記2(3)の金額	（　　円）	
(2) 臨時的収入	【　　円】	←裏面⑮の金額
(3) 臨時的支出	【　　円】	←裏面⑯の金額
Dへ記載する	【(1)＋(2)－(3)】	D　　円

添付資料
☐　前年の確定申告書(写)・収支内訳書(写)
☐　前年の源泉徴収票(写)
☐　その他（　　　　　　　　　　　　　　　　　　）

第6章 納税方法に関する失敗・トラブル

(裏面)

1 納税者固有の現金・預貯金その他換価の容易な財産

手持ちの現金の額					①	円
預貯金の額	/ (円)		/ (円)		②	円
	/ (円)		/ (円)			
換価の容易な財産	(円)		(円)		③	円
	(円)		(円)			

2 生活費の計算

給与所得者等：前年の給与の支給額	④	円
事業所得者等：前年の収入金額		
申請者　　　　　　　100,000円×12	⑤	1,200,000円
配偶者その他の親族　（　　人）×45,000円×12	⑥	円
給与所得者：源泉所得税，地方税，社会保険料（前年の支払額） 事業所得者：前年の所得税，地方税，社会保険料の金額	⑦	円
生活費の検討に当たって加味すべき金額 （加味した内容の説明・計算等　　　　　　　　　　　　　）	⑧	円
生活費（1年分）の額　（⑤＋⑥＋⑦＋⑧）	⑨	円

3 配偶者その他の親族の収入

氏名　　　　　（続柄　　）前年の収入（　　　　円）	⑩	円
氏名　　　　　（続柄　　）前年の収入（　　　　円）		
申請者が負担する生活費の額　⑨×（④／（④＋⑩））	⑪	円

4 事業経費の計算

前年の事業経費（収支内訳書等より）の金額	⑫	円
経済情勢等を踏まえた変動等の調整金額 （調整した内容の説明・計算等　　　　　　　　　　　　　）	⑬	円
事業経費（1年分）の額　（⑫＋⑬）	⑭	円

5 概ね1年以内に見込まれる臨時的な収入・支出の額

臨時的収入	年　月頃（　　　円）	⑮	円
	年　月頃（　　　円）		
臨時的支出	年　月頃（　　　円）	⑯	円
	年　月頃（　　　円）		

終章〜後書きに替えて

　"はじめに"でも書いたが，私は記帳代行や通常の決算業務は嫌いだった。というより，正直にいえば苦手なのだ。面白みを見い出せなかったからだろう。会社や業種は違っても，手続的には同じことの繰り返し。創意工夫の余地はもちろんあるのだろうが，スリルがないとでもいうのか，あまり変化がないのは私にとって退屈な作業に感じてしまうのだ。申告書の作成業務自体も似たようなもの。
　それと比べると，資産税の分野，相続や贈与，譲渡においては個々人により，本当に二つとして同じものはない。オーソドックスなパターンは幾つかあるが，それさえ知っていればそれで済むという話でないところが面白い。少なくとも私にとっては。
　また，税法だけではなく，周辺知識が必要でアップデートで学ばなければならない点も，資産税業務の魅力の一つかも知れない。

　昨今は相続税の増税の影響もあってか，資産税の中でもとりわけ相続税にスポットが当たることが多い。今までそれ程相続を手掛けてこなかった税理士も，これぞチャンスとばかりに盛んにセミナーや勉強会への参加が増えているようである。
　資産税への関心をもって頂くことは，同業者としては嬉しい限りだ。
　しかし，絶対に申し上げておきたいことは，資産税にはかなりのリスクが伴うということである。自分一人だけで行う業務では，決して，決してないということである。たとえスタッフもなく，一人で開業している方であっても，誰か目を変えて，確認してもらうことは必要不可欠であろう。
　その意味では，優秀な方ほどリスクに陥りやすいといえるかも知れない。私は独立する前にお世話になった本郷先生から，こんなことを言われたのを今でも覚えている。それは，私が資産税をやっていく自信がないと弱音を吐いたと

きのことだ。

　―君は自分が一番だと思っていないか？―

　自分が一番だと思っていると，自分より優秀な人間を見たときに自信を失い，今の自分ではダメだと思い込んでしまう。もちろん，その時点で自分が一番などと，思いあがっていた訳では決してない。ただ，それなりの自信があったのは事実である。

　自分が一番などとは思わず，常に優秀な人間を見習い，それに近付く努力を怠ってはならないと諭された。常に教えを乞うこと，そのために費用が必要なら，その費用を惜しんではならないとも。

　私はこの言葉に衝撃を覚え，自分を冷静に見ることができるようになったと思っている。誰しもプライドはある。できたらこのプライドを傷付けられたくはない。プライドをもつこと自体は決して悪いことではないだろう。

　しかし，プライドをもつことと優秀な人に教えを乞い，自らを高めていくこととは異なる次元の問題である。新たな教えを謙虚に受け止めて，自らの血肉として成長することができれば，結局はそれが自分自身をさらに進歩させることになるのだ。このことを指摘されたとき，私は肩の力がスーっと抜ける思いがした。

　自分は一番ではない，こんな当たり前のことに気付かない，というより，気付きたくなかったのかも知れない。プライドがあればある程。

　私も独立後，初めて一人で行った相続税の申告事案では，かつての仲間の税理士に有料で方針の確認と申告書のチェックをお願いした。セカンドオピニオンである。幸いにも初歩的なミスを指摘され，事前に訂正して大事には至らなかった。本来ならこの誤りこそ，本書で最初に紹介すべき失敗事例なのかも知れない。あまりに初歩的過ぎて，紹介する勇気もなかったが…。

　通常の決算業務と異なり，資産税の場合，誤りに気付き難く，またその影響は非常に大きなものにもなり得る。だからこそ，慎重な上にも慎重な態度が必要になるのだろう。

終章～後書きに替えて

　本書でも若干触れたが，私の事務所でも，業務を行う上で，二重三重のチェックを行っている。それでも100％の完璧な業務はなし得ない。ということは失敗するリスクが常にあるということである。

　リスクを100％回避することができないとすれば，どうしたらいいのだろうか。それは，どんな場合にも，リスクがある前提で業務を行っていくしかない。そのためには，顧客の前で言うのは憚られるが，相応の報酬を頂く必要があるということである。

　昨今は顧客も税理士を選ぶ場合，必ずホームページを見てから相談に来るだろう。したがって，いまだにホームページすら開設していない場合，顧客に選んでもらうことを自ら放棄しているといわなければならない。それはそれとして，顧客は，その事務所が資産税の情報をどれだけ提供しているかが，判断のポイントになるのではないだろうか。情報は常に発信している者に集まるのである。情報が欲しければ，まずは何より，自らが情報を発信しなければならない。

　そのホームページだが，インターネットで検索してみれば，安さを競う事務所も散見される。しかし，私は安さを競う路線とは一線を画している。安い方に流れる顧客も確かにいるが，私はあえてその手の顧客を追うことはしないつもりだ。

　安いかどうかに最も価値を置くというならそれはそれでいいが，どうしたら安い費用で成り立つのであろうか。どのような申告書の作成方法をしているのだろうか。非難するつもりはないが，私にはそれが不思議でならない。例を相続税の申告業務にとって考えてみよう。

　本書の中でも触れたが，普通預金の残高証明を取り，その金額をそのまま相続財産として申告書に計上すればいいのだろうか。相続開始の直前の引き出しはないのだろうか。名義預金の心配は考えなくてもいいのだろうか。貸金庫の存否は確認し，その存在がある場合，金庫の中身まで検討はしているのだろうか。

　普通預金の残高を計上するにしても，これらのことから様々な情報が，様々

な財産の有無が確認できるのである，というより，確認をしなければならないのである。そうだとすれば，相続税の申告業務について，安さを売りにする事務所は，どこまで深く掘り下げて行っているのだろうか。

　安かろう悪かろうで，最終的には誰がその負担をすることになるのだろうか。言うまでもなく，それは顧客自身である。中には税理士の賠償義務にまで発展する事案もあるだろうが，顧客自らが信頼し依頼した税理士が行った業務であり，また結果なのである。

　業務をしっかりとこなすには，相応の時間と費用が掛かるのである。そのためにこそ，それに見合う報酬を顧客にはご負担頂かなければならないのである。

　どこまでやっても失敗は付きまとうものである。だとすれば，少なくとも資産税を業務とするからには，それを覚悟し，最悪の場合には税理士として個人的な責任までをも取るつもりで行うべきだと考える。それができなければ，資産税を業務とする資格はないのではないだろうか。

　私は自慢にもならないが，今まで数多くの失敗を経験をしてきた。起きてしまったことはもう，どうしようもない。まずは客観的に受け止めて，顧客の損害額を計り，対応を考えることが先決だろう。税理士職業賠償責任保険の対象になるのか，ならなければその費用負担をどうすればいいのか，顧客には正直に話した上で，誠意を尽くすことが税理士としては最低限の義務なのであろう。失敗を決して隠してはならない。誰しもその状況から逃げたいのは同じだ。私とて例外ではない。しかし，そんな状況から逃げようとすればする程，事態は悪化するのである。まずは逃げないこと，どうせ逃げられないなら，それに最後まで対峙していく以外，他に方法はないのである。逆説的な言い方になるが，その対応をすることができるためにも，顧客からはそれに見合う報酬を頂戴する必要があるのではないだろうか。

　随分と上から目線で偉そうな事を申し上げた。私だって，どこまで実行できているのかどうか，甚だ怪しいものではある。ただ，それでも少なくともその対応が十分だったかどうかは別として，逃げずに正面から向き合ってきたことだけは嘘ではない。

終章～後書きに替えて

　儲かりそうだから，今はちょっとしたブームだから，そんな軽いノリで資産税業務に向き合うことなく，「覚悟を決め」，「誠意を尽くす」，そんな気持ちで益々複雑化する資産税業務に関わって頂ける方が一人でも増えれば，資産税に強い税理士が一人でも増えれば，税理士業界全体を，そして税理士の社会的地位を向上させることに必ずやつながるであろう。

　前著もそうであるが，執筆のきっかけから章立て，解説の方法まで細部にわたるアドバイスを税務経理協会の小林規明部長から賜った。筆の遅い筆者がここまで書き上げることができたのも，部長の存在がなければあり得ない。筆者を誉めておだてて，豚を木にまで登らせ，完結させるご努力を頂いたことに，心より感謝し，最後の言葉としたい。

キーワード索引

【あ行】

青色申告の承認申請……………………36
遺言書の無効……………………………9
遺言の執行者……………………………19
一次相続時の納税……………………127
位置指定道路……………………………9
一族全体の様々な資料…………………48
一の収用の計画…………………………39
一部分割協議書…………………………67
偽りその他不正………………………122
移転登記の有無………………………169
委任解除…………………………………10
遺留分の減殺請求………………………19
遺留分の侵害……………………………9
Lの割合…………………………………95
大きな不正や増差………………………51
お尋ね……………………………………52

【か行】

解約返戻金……………………………143
確定日付………………………………107
過去の経緯の確認………………………49
加算税……………………………………54
貸付金…………………………………120
課税権…………………………………161
課税漏れ…………………………………84
家庭裁判所………………………………12
家庭用動産………………………………82
株式保有特定会社………………………96
過料……………………………………171
還付の請求……………………………159
管理票……………………………………50
管理料率………………………………137
記載漏れがある場合や遺言書の作成
　後に取得・形成された財産…………4
基礎控除額……………………………125
Ｑ＆Ａ……………………………………88
9号買換え……………………………153
旧借地権法の借地権……………………74
行政指導…………………………………53
居住用の3,000万円控除………………40
金銭納付の可能税……………………177
金融資産の名義変更手続………………21
区画整理………………………………117
経費となる項目………………………139
ＫＳＫ（国税総合管理）システム……50
減価償却………………………………149
原価要素………………………………145
権利金の授受……………………………73
権利金の認定課税………………………75
綱紀委員会………………………………26
公共事業用資産の買取り等の証明書…44
公共事業用資産の買取り等の申出証
　明書……………………………………44
工事請負契約書…………………………80
工事明細…………………………………87
公証人の出張……………………………23
公証人役場……………………………126
公正証書遺言……………………………18
更正通知書………………………………68
更正の請求………………………………59
広大地……………………………………46
合同での税務調査………………………54
国税通則法の改正………………………53
5,000万円控除の適用…………………40

固定資産税相当額程度……………………72	

【さ行】

サービスの等質性・等量性………… 142
財産目録……………………………………20
財団の設立…………………………………22
最長20年の延納………………………… 177
裁判所での調停……………………………64
財務局………………………………………180
更地の評価額………………………………71
市街化区域内にある農地……………… 111
事業税……………………………………157
事業用資産の買換え特例…………………56
事実認定…………………………………123
自社株の評価額……………………………92
執行者解任の請求…………………………23
質問検査権…………………………………52
私道……………………………………………9
自筆証書遺言………………………………3
資本的支出……………………………… 140
借地権利金の価額…………………………75
借地借家法…………………………………73
修正申告……………………………………55
修正申告の勧奨………………………… 124
収入状況の検討………………………… 179
10年超所有の場合の軽減税率……………40
周辺相場の地代………………………… 144
住民税の均等割り……………………… 153
収用証明書…………………………………44
重要な営業費用………………………… 145
準確………………………………………103
純資産価額方式……………………………95
準備調査の段階……………………………79
商事信託………………………………… 135
自用地………………………………………71

譲渡した土地等……………………………57
譲渡所得……………………………………46
譲渡所得の内訳書…………………………57
所得を引き継ぐ相続人……………………35
所有権移転請求権の仮登記…………… 119
書面によるエビデンス……………………80
申告期限後3年以内の分割見込書……… 6
申告書付表……………………………… 108
申告手続に係る契約書……………………41
申告納税方式…………………………… 160
真実,実態の証明……………………… 126
信託法…………………………………… 134
信託報酬………………………………… 136
生産緑地………………………………… 114
税務署長の承認……………………………69
税務署での閲覧……………………………59
税務署との相談・折衝………………… 178
税務代理権限証書…………………………53
生命保険………………………………… 143
税理士の懲戒処分…………………………27
税理士の懲戒請求…………………………25
税理士法……………………………………43
接道のない無道路地…………………… 179
説明書を申告書に添付……………………13
善管注意義務………………………………70
線引きの見直し………………………… 116
相応の地代……………………………… 132
相続時精算課税……………………………18
相続時点での時価…………………………89
相続登記……………………………………32
相続人等の全員の合意…………………… 5
贈与契約書……………………………… 107
贈与財産の3年以内加算の規定……… 123
底地の物納……………………………… 144
訴訟……………………………………… 162

【た行】

- 大会社，中会社，小会社……………93
- 大規模な修繕……………………139
- 代替資産を取得して課税の繰延べ……42
- 脱税志向……………………………14
- 建物図面…………………………171
- 建物全体の評価額………………89
- 建物の評価………………………83
- 地価の変動………………………106
- 遅滞なく……………………………76
- 調整計算………………………………5
- 調達価額…………………………81
- 調停調書…………………………66
- 調停や訴訟等やむを得ない事情……6
- 低額貸付け………………………104
- 定期借地権………………………74
- 適格財産…………………………179
- 適宜の倍率………………………140
- ＤＥＳ……………………………153
- 登記簿謄本………………………44
- 倒産防止共済……………………143
- 同族会社の行為計算の否認……98
- 特定居住用宅地…………………64
- 都市計画区域……………………115
- 都市計画税………………………174
- 都税事務所………………………158
- 土地購入に係る売買契約書……80
- 土地の無償返還に関する届出書……76
- 土地保有特定会社………………95

【な行】

- 二次相続…………………………105
- 入念な普通預金のチェック……79
- ２要素０……………………………93
- 認知症の症状……………………23
- 農業委員会………………………111
- 農業相続人………………………114
- 納税管理人………………………159
- 納税猶予…………………………114

【は行】

- 売却益との通算…………………77
- 配偶者に対する税額軽減の特例……63
- 倍率方式…………………………118
- 反面調査…………………………87
- 引継ぎ価額………………………48
- 非居住者…………………………157
- 賦課課税方式……………………160
- 普通借地権………………………74
- 普通預金の動き…………………121
- 物納制度の大幅な改正…………181
- 物納の申請書類…………………181
- 不動産取得税……………………169
- 不動産にまつわる法令の制限等……118
- 不動産の相続登記………………21
- 分割協議……………………………4
- 分割協議書………………………66
- 分筆………………………………182
- 別々の申告書を提出……………13
- 包括受遺者………………………103
- 法定果実……………………………30
- 法定果実の税務上の取扱い……31
- 法定果実を相続財産とは別物と考える立場……35

【ま行】

- 未線引き区域……………………116
- 認印による分割協議書…………21
- 民事信託…………………………135
- 名義預金……………………………78
- もめる相続の典型的パターン……6

【ら行】

臨場調査……………………………………51
類似業種比準価額方式……………………93
6％基準…………………………………… 144

【わ行】

路線価……………………………………… 11
和解………………………………………… 28

執筆者紹介

阿藤　芳明（あとう　よしあき）
昭和27年　東京生まれ。
昭和51年　早稲田大学教育学部卒業。
卒業後，国税専門官として10年強，税務調査を担当。
昭和63年　芝税務署を最後に退官。税理士登録。
アーンスト＆ヤング会計事務所，タクトコンサルティング（本郷会計事務所）を経て，
平成4年　阿藤芳明税理士事務所，有限会社エーティーオー財産相談室を設立。
平成14年　税理士法人エーティーオー財産相談室に改組，代表として現在に至る。

【主要著書】
『失敗しない不動産の相続』（日本実業出版社）
『相続財産は「切り離し」で残しなさい』（実業之日本社）
『相続に強い税理士になるための教科書』（税務経理協会）
『相続財産は法人化で残しなさい』（幻冬舎）
『実例でわかる！　相続・贈与』（インデックス・コミュニケーションズ）